동아시아
주요 시장의
지속가능성
공시 법제도에
관한 비교연구

윤
예
정 尹艺静 YIN YIJING

중국 복단대학교(Fudan University) 법학사
서울대학교 일반대학원 법학과 상법 석사

아시아태평양법
연구시리즈 **9**

동아시아
주요 시장의 지속가능성
공시 법제도에 관한
비교연구

윤예정

민속원

머리말

'동아시아'라는 개념에 대해 깊은 관심을 갖게 된 것은 4년 전 일본 도쿄대학교의 하계 프로그램을 통해서다. 당시 마츠바라 켄타로松原健太郎 교수님의 수업을 들으면서, 상이한 법제와 시장이 맞물려 움직이는 동아시아의 역동성을 이론과 현실 양면에서 접하면서 큰 흥미를 갖게 되었다. 그 경험은 이후 법학 연구의 방향을 결정하는 중요한 계기가 되었고, 저자로 하여금 동아시아 각 시장의 법제도를 비교·분석하는 시각을 갖추게 하였다.

이 책은 그러한 시각을 바탕으로, 저자의 2025년 서울대학교 법학 석사학위 논문을 정리하여 출간한 것이다. 비록 '동아시아 주요 시장'이라는 제한된 범위 내에서 이루어진 연구지만, 빠르게 변화하는 각 시장의 지속가능성 공시제도를 정리하고 비교·분석하였다는 점에서 의미가 있다고 생각한다.

지금은 웃으면서 이야기할 수 있지만, 연구 과정은 결코 순탄하지 않았다. 선행연구가 상대적으로 부족한 가운데 수많은 법령과 정부 자료를 검토·분석하며 끊임없이 새로운 질문이 생겼다. 이 책은 그 질문들에 대해 스스로 답을 찾아가며 쌓아 올린 결과물이다. 물론 끝내 답하지 못한 질문도 남아 아쉬움이 크지만, 앞으로 동아시아 지속가능성 공시제도 논의에 작은 밑거름이 되기를 바라며 세상에 내놓고자 한다.

이 책이 나오기까지 많은 분들의 도움이 있었다. 그 중에서도 서울대학교 법학전문대학원의 정준혁 교수님께 깊이 감사드린다. 부족한 저를 누구보다 믿어주시고 학자로서의 자세를 가르쳐 주신 분이기에 늘 존경하고 본받고 싶은 분이다. 또한 서울대 법학전문대학원의 정순섭, 노혁준, 천경훈, 강광문 교수님, 중국 복단대학교 정문걸 교수님께도 감사를 드린다. 석사과정 동안 흔들림 없이 연구에 임할 수 있도록 가르침과 도움을 주신 분들이다. 이외에도 서울대학교 일반대학원 법학과의 김춘매 선배님, 김연 후배님께도 감사드린다. 마지막으로 항상 저를 응원해 주신 부모님께 존경과 사랑을 담아 깊은 감사의 인사를 올린다.

앞으로 이 분들의 선의에 보답하는 법조인으로 성장함과 동시에, 흥미롭고 의미 있는 연구를 부단히 이어가고자 한다.

저자 윤예정

차례

머리말 4

제1장 | 서론   11

제1절 연구의 배경   11

제2절 연구의 목적과 논문의 구성   15
    I. 연구의 목적 —— 15
    II. 논문의 구성 —— 16

제2장 | 지속가능성 공시제도의 일반론   19

제1절 제도의 의의와 유형   19
    I. 제도의 의의 —— 19
    II. 제도의 유형 —— 21

제2절 제도설계를 위한 일반적인 고려사항   24
    I. 공시내용 —— 25
    II. 공시채널 —— 28
    III. 제3자 인증 —— 30

제3장 | 일본의 지속가능성 공시 법제도   33

제1절 일본의 입법례   33

   Ⅰ. 종래의 공시 상황 —— 33
   Ⅱ. 일본의 제도 정비과정 —— 36

제2절 현행 지속가능성 공시제도   43

   Ⅰ. 법적근거 —— 43
   Ⅱ. 대상기업 및 일정 —— 44
   Ⅲ. 공시 대상 정보 —— 45
   Ⅳ. 중요성 기준 —— 46
   Ⅴ. 공시의 위치 —— 46
   Ⅵ. 위반 및 허위공시 시의 법적책임 —— 47
   Ⅶ. 면책조항 —— 51
   Ⅷ. 제3자 인증 —— 53

제3절 제도의 평가 및 개선방향   53

제4장 | 중국의 지속가능성 공시 법제도   57

제1절 중국의 입법례   57

   Ⅰ. 종래의 공시 상황 —— 57
   Ⅱ. 중국의 제도 정비과정 —— 64

제2절 현행 지속가능성 공시제도   65

   Ⅰ. 법적근거 —— 65
   Ⅱ. 대상기업 및 일정 —— 66
   Ⅲ. 공시 대상 정보 —— 67
   Ⅳ. 중요성 기준 —— 69
   Ⅴ. 공시의 위치 —— 70
   Ⅵ. 위반 및 허위공시 시의 법적책임 —— 70
   Ⅶ. 면책조항 —— 71
   Ⅷ. 제3자 인증 —— 72

제3절 제도의 평가 및 개선방향　　　　　　　　　　　　　　　72

 Ⅰ. 의무공시 범위의 확대 —— 73
 Ⅱ. 면책조항의 재정비 —— 75
 Ⅲ. 제3자 인증의 의무화 —— 76

제5장 | 대만의 지속가능성 공시 법제도　　　　　　　　　79

제1절 대만의 입법례　　　　　　　　　　　　　　　　　　79

 Ⅰ. 「회사 지배구조 3.0 지속가능성 발전 로드맵」(2020) —— 82
 Ⅱ. 「상장·상궤회사 지속가능성 발전 로드맵」(2022) —— 83
 Ⅲ. 「상장·상궤회사 지속가능성 행동 방안」(2023) —— 84
 Ⅳ. 「IFRS 지속가능성 공시 준칙과 연결함에 있어서의 로드맵」(2023)
  —— 85

제2절 현행 지속가능성 공시제도　　　　　　　　　　　　86

 Ⅰ. 법적근거 —— 87
 Ⅱ. 대상기업 및 일정 —— 88
 Ⅲ. 공시 대상 정보 —— 89
 Ⅳ. 중요성 기준 —— 92
 Ⅴ. 공시의 위치 —— 92
 Ⅵ. 위반 및 허위공시 시의 법적책임 —— 93
 Ⅶ. 면책조항 —— 93
 Ⅷ. 제3자 인증 —— 94

제3절 제도의 평가 및 개선방향　　　　　　　　　　　　　97

 Ⅰ. 대만 지속가능성 공시제도의 전반적 체계에 관하여 —— 97
 Ⅱ. 증권거래법상 위반 및 허위공시 시 법적책임의 부담가능성에 관하여
  —— 99

제6장 | 한국 법체계속에서의 도입방안   **105**

제1절 한국 종래의 공시 상황   105
    Ⅰ. 사업보고서에 의한 공시 —— 106
    Ⅱ. 기업지배구조보고서에 의한 공시 —— 107
    Ⅲ. 지속가능경영보고서에 의한 공시 —— 108
    Ⅳ. KSSB에 의한 지속가능성 공시기준 초안의 발표 —— 111

제2절 법제화 필요성 및 그 법제화 방안   112
    Ⅰ. 지속가능성 공시 제도의 법제화 필요성 —— 113
    Ⅱ. 면책조항 —— 118
    Ⅲ. 제3자 인증 —— 119

제7장 | 결론   **125**

    부록   129
    참고문헌   151

01
서론

제1절
연구의 배경

최근 ESG에 대한 사회적 관심과 기대가 높아짐에 따라, 지속가능성 정보의 공시를 의무화하는 내용의 제도 도입이 전 세계적으로 활발하게 이루어지고 있다. 지속가능성 정보 공시의 의무화와 관련하여서는 EU가 주도적으로 이를 행하고 있는데, 일찍이 2014년 도입된 비재무보고서지침Non-Financial Reporting Directive: NFRD[1]을 통해 각 회원국에 지속가능성 정보의 공시를 의무화하는 법률을 제정할 것을 의무화하였고, 2022년에는 이를 개정한 회사지속가능보고지침Corporate Sustainability Reporting Directive: CSRD[2]을 통해 지속가능성 공시 제

---

[1] Directive 2014/95/EU of the European Parliament of the Council of 22 October 2014 amending Directive 2013/34/EU as regards disclosure of non-financial and diversity information by certain large undertakings and groups.

도의 법적 근거를 마련하였다. 이외에도 미국의 경우 증권거래위원회Securities and Exchange Commission: SEC, 영국의 경우 금융감독청Financial Conduct Authority: FCA의 주도로 자국의 지속가능성 공시를 일정한 기준에 따라 의무화하고 있다.[3]

이러한 국제적 추세에 대응하기 위하여 일본, 중국 대륙(이 책에서는 편의를 위해 '중국'이라 칭함), 대만 등 동아시아의 주요 시장들에서도 모두 통일된 규제 없이 자체의 지속가능성 공시 의무화를 추진하고 있는데, 그 시점과 도입방식에는 모두 차이를 보이고 있다. 구체적으로 일본의 경우, 종래에는 주로 통합보고서 등을 통하여 임의공시를 행하여왔지만, 2023년 1월 금융상품거래법의 하위 규정인 「기업내용 등의 공시에 관한 내각부령企業内容等の開示に関する内閣府令」의 개정으로 법정공시 서류인 유가증권보고서에 지속가능성 정보를 공시함으로써 상장회사에 대한 지속가능성 정보 공시의무의 법제화를 완료하였다. 이러한 의무화 방식은 투자자가 필요로 하는 정보인 재무정보와 지속가능성 정보를 통합적으로 제공하고, 기존 법령에서 규정하고 있는 투자자 보호수단이 적용되는 이점이 있지만, 지속가능성 정보에 대한 허위기재 등 법적책임을 추궁할 수 있다는 점을 우려하여 기업의 공시자세가 위축될 수 있다는 지적이 존재한다.

중국과 대만의 경우, 거래소 공시로 지속가능성 공시 제도를 도입하고 있는데, 중국은 증권감독관리위원회CHINA SECURITIES REGULATORY

---

[2] Directive (EU) 2022/2464 of the European Parliament and of the Council of 14 December 2022 amending Regulation (EU) No 537/2014, Directive 2004/109/EC, Directive 2006/43/EC and Directive 2013/34/EU, as regards corporate sustainability reporting.

[3] 미국과 영국의 지속가능성 공시 제도에 관한 내용은 김지웅, 「ESG 공시에 관한 외국의 제도개선 동향과 시사점」, 『비교사법』 제30권 제3호, 2023 참조.

COMMISSION: CSRC의 지도하에 상해·선전·북경 증권거래소에서 지속가능성 보고서의 작성 가이드라인을 제정하였고 기업들의 역량을 고려하여 일부 상장기업에 대해서만 강제적으로 공시 의무를 부과하고 있다. 대만은 금융감독관리위원회Financial Supervisory Commission: FSC에서 발표한 정책들의 추동 하에 대만 증권거래소와 그레타이 매매센터[4·]에 의해 제정된 규정에 따라 상장기업의 지속가능성 보고서의 작성 및 신고를 규율하고 있는데, 현재로서는 강제적인 공시 의무를 부담하고 있는 주체는 일부 기업에만 한정되고 있지만 2025년부터 모든 상장기업에서 지속가능성 보고서를 공시하도록 하였다. 이러한 거래소 공시의 의무화 방식은 법정공시보다 기업들의 부담을 경감한 이점이 있지만, 거래소 규정에 의거하므로 명확한 법적근거가 부재하여 법적 책임이 모호하다는 점, 현재의 거래소 공시 책임으로 공시 정보의 신뢰성을 담보하기 어려운 점, 전 세계적으로 지속가능성 공시 제도에 대한 법제화가 명확한 추세이므로 거래소 공시는 국제적 정합성이 결여하다는 점이 제기되고 있다.

일본, 중국, 대만과 달리, 동아시아의 다른 한 주요 시장인 한국에서도 역시 글로벌 지속가능성 공시 담론의 추세를 의식하여 주로 금융위원회를 주축으로 글로벌 지속가능성 공시 기준에 대응할 수 있는 방안을 검토하고 있다. 그 중에서도 한국회계기준원 내에

[4·] 통상 유가증권은 대만증권거래소의 집중거래시장에서 가격경쟁의 방식의 매매를 통하여 상장을 하게 되지만, 이러한 시장에 상장을 할 수 없는 경우에는 별도의 시장에서 가격협의의 방식을 통하여 거래를 진행할 수 있도록 하고 있는데, 이러한 시장을 한국의 코스닥에 해당하는 그레타이 매매센터라고 한다. 대만의 그레타이 매매센터 관련 법제도에 관한 연구로는 김명아·고재종·김영주, 「중국·대만·홍콩의 중소기업전용 자본시장에 관한 비교법적 연구」, 『비교법제 연구』, 한국법제연구원, 2013.

지속가능성기준위원회Korean Sustainability Standard Board: KSSB를 설립하여 한국판 지속가능성 공시기준을 제정하는 모습을 볼 수 있는데, 지난 4월 30일에 발표한 공개 초안에 이해관계자가 제일 관심하고 있는 '의무화 방식과 규제'에 언급이 없어 구체적인 대책 마련이 시급한 상황이다.

따라서 외국의 사례에 대한 연구를 바탕으로 '의무화방식과 규제' 등을 적절하게 정립할 필요가 있다. 기존 지속가능성 공시 법제도에 관한 연구는 주로 EU와 미국에 대해 이루어지고 있지만, 한국과 유사한 법체계를 가지고 있는 일본의 입법례에 대해서도 분석할 필요가 있을 것이다. 또한 현재 대다수 국가들은 법정공시로 지속가능성 공시 제도를 도입하였지만, 중국과 대만을 포함한 일부 중화권 지역에만 거래소 공시를 선택하였다는 점[5]과 금융위원회에서 지속가능성 공시 의무화와 관련하여 거래소 공시로 도입하는 방안을 검토 중이라는 입장[6]을 고려하여, 중국과 대만의 지속가능성 공시 법제도에 대해서도 연구할 필요가 있을 것이다.

나아가 이 책은 동아시아 주요 시장과의 비교법적 고찰을 통해 각 입법례의 장단점을 분석하여 한국에 있어서 국제 정합성과 기업 수용성을 균형감 있게 고려하는 지속가능성 공시 제도의 도입 방안을 모색하고자 한다.

---

[5] 대부분의 국가들은 지속가능성 공시를 법정공시로 의무화하였지만, 중국과 싱가포르를 포함한 중화권국가들만 거래소 공시를 채택한 것으로 조사된 바 있다. 해외 주요국의 지속가능성 공시제도에 관한 내용은 한국회계기준원, "주요국 지속가능성 공시제도 및 기준제정 동향", 2024.04.12. 자 보도자료를 참조.

[6] ESG경제, "금융위원회, ESG 공시 거래소 공시로 도입 검토", 2023.11.27. https://www.esgeconomy.com/news/articleView.html?idxno=5275 (최종접속일: 2024.10.10)

제2절
연구의 목적과 논문의 구성

I. 연구의 목적

주지하는 바와 같이, 글로벌 지속가능성 공시 기준의 확립은 유럽과 국제회계기준을 마련하는 극히 일부 주체 등에 의해 생성되고 있다.[7] 이러한 점을 감안하면, 무엇보다도 한국을 포함한 동아시아 주요 시장들의 산업 특성 등 실제상황을 제대로 반영하기에는 내재적인 한계가 있다고 생각된다.[8] 따라서 비교법적 고찰로서 기타 동아시아 주요 시장들에서 어떻게 글로벌 지속가능성 공시 기준을 수용하여 자체의 지속가능성 공시 법제도를 수립하고 있는지에 대해 살펴보는 것은 의미가 있다. 나아가 이 책은 동아시아 주요 시장의 지속가능성 공시 법제도에 자세히 소개하는 것을 일차적인 목적으로 한다.

또한 기존 지속가능성 공시 법제도에 관한 연구들을 살펴볼 때, EU와 미국의 관련 법제도에 관한 연구[9]가 대부분이었고 동아시

---

[7] 지속가능성 공시 기준에 대해서는 GRI(Global Reporting Initiative), SASB(Sustainability Accounting Standards Board), 기후 관련 TCFD(Taskforce on Climate-related Financial Disclosure) 등 다양한 기준과 글로벌 이니셔티브가 존재하고 있고, 최근 들어서는 국제지속가능성기준위원회(International Sustainability Standards Board, 이하 'ISSB')에서 발표한 지속가능성 공시 기준이 다수 국가에 의해 적극적으로 활용되고 있다.

[8] 글로벌 지속가능성 공시 기준이 한국 국내 산업 분류체계와 부합하는지 여부에 관한 내용은 별도의 연구에서 다루고 있으며, 대표적으로 최유경·김용, 「산업경쟁력 강화를 위한 글로벌 E.S.G. 공시 기준 통합 동향 비판: SASB 기준과 한국표준산업분류 매칭결과와 합의」, 『경제규제와 법』 제17권 제1호, 2024; 최유경 외, 『전환사회에서의 지속가능성 확보를 위한 E.S.G. 제도 구축 연구』(『협동연구총서』 25-09-01), 경제·인문사회연구회, 2023.

[9] 김지웅, 앞의 논문; 김광록, 「미국 기업의 사회적 책임에 따른 ESG 정보공시 -Regulation S-K를 중심으로-」, 『상사법연구』 제41권 제4호, 2023; 문상일, 「국내 상장기업 ESG 관련

아 지역 중에서는 법정공시로 지속가능성 정보에 대한 공시를 의무화한 일본에만 집중되고 있다는 점,[10] 동아시아의 지속가능성 공시 법제도를 비교하는 연구에는 아직 공백이 존재한다는 점을 고려하면 거래소 공시를 채택한 중국과 대만의 관련 법제도에 대해 연구를 진행하는 것은 그 필요성을 갖는다. 나아가 동아시아 주요 시장들과 비교법적 고찰을 통해 한국에 있어서 국제 정합성과 기업 수용성을 균형감 있게 고려하는 지속가능성 공시 제도의 도입방안을 모색하는 것을 주된 목적으로 한다.

II. 논문의 구성

이 책은 다음과 같은 순서로 연구를 진행한다.

우선 제1장 서론에서는 동아시아 주요 시장의 지속가능성 공시제도의 전반적인 상황에 대해 살피고, 제2장에서는 지속가능성 공시제도의 의의와 유형을 소개함으로써 일반적인 기업공시제도와 대비되는 지속가능성 공시제도의 특징을 논하고(제1절), 지속가능성 공시제도의 구체적인 설계에 있어 고려해야 하는 사항을 제시한다(제2절).

공시제도 현황과 개선방안」, 『경제법연구』 제22권 제2호, 2023; 최유경·조아영, 「유럽연합의 ESG 법제화 현황 및 쟁점: NFRD와 SFDR 도입과 EU 회원국의 국내법적 수용을 중심으로-」, 『법학연구』 제30권 제1호, 2022; 이형기, 「비재무 관련 정보 공시제도의 개선방안에 관한 연구」, 『법학연구』 제29권 제4호, 2021 등.

[10] 김지웅, 위의 논문; 고일훈, 「ESG 정보 공시제도의 국제적 흐름과 일본의 대응」, 『중견기업연구』 제10권 제2호, 2023; 이효경, 「지속가능성 관련 기업공시를 둘러싼 규제 동향 - 최근 일본의 기업공시에 관한 개정을 중심으로-」, 『상사법연구』 제42권 제1호, 2023; 김경일, 「일본의 ESG 정보공시와 그 시사점」, 『선진상사법률연구』 통권 제99호, 2022 등.

제3장에서는 우선 일본 종래의 지속가능성 공시 상황 및 현행 지속가능성 공시 법제도의 정비과정에 대해 소개하고, 특히 유가증권보고서에 상장기업의 지속가능성 정보 공시를 의무화한 배경 및 그 구체적인 내용에 대해 살펴본다(제1절). 다음으로 법정 공시를 선택한 일본 현행 지속가능성 공시 제도에 대해 소개하고(제2절), 나아가 일본의 지속가능성 공시 법제도에 대한 평가 및 개선방향을 제시한다(제3절).

제4장에서는 중국 지속가능성 공시 법제도의 입법례를 살펴보고(제1절), 상해·선전·북경 증권거래소에서 제정한 가이드라인에 따라 현행 지속가능성 공시 제도에 대해 소개하며, 나아가 중국의 지속가능성 공시 법제도에 대한 평가 및 개선방향을 제시한다(제3절).

제5장에서는 FSC에서 발표한 로드맵에 따라 지속가능성 공시 법제도에 대해 정비하는 대만의 입법례에 대해 살펴보고(제1절), 다음으로 거래소 공시를 선택한 대만의 현행 지속가능성 공시 제도에 대해 소개하며(제2절), 나아가 대만의 지속가능성 공시 법제도에 대한 평가 및 개선방향을 제시한다(제3절).

제6장에서는 한국 종래의 지속가능성 공시 상황을 살피고(제1절), 상술한 제3~5장에서의 법적쟁점들을 다시 살피면서 한국의 법체계에 있어서 지속가능성 공시 제도에 대한 법제화 필요성을 연구하고, 나아가 국제적 정합성을 높이되 기업 수용성을 균형감 있게 고려한 법제화 방안을 제시한다(제2절).

마지막으로 제7장 결론에서는 이상의 논의를 요약 및 정리한다.

02
지속가능성 공시제도의 일반론

제1절
제도의 의의와 유형

Ⅰ. 제도의 의의

지속가능성 공시제도는 기업의 비재무정보의 공시를 뜻하는 개념[1]으로, 'ESG 공시제도'를 대신하여 많이 사용되고 있다.[2] 'ESG'는 지속가능성 공시제도와 불가분리한 개념으로써 우선 'ESG'라는

---

[1] 안홍익, 「ESG 또는 지속가능성 정보 공시와 부실공시의 법적통제 방안」, 『법학연구』 제64권 제3호, 2023, 2쪽.

[2] 영문문헌에는 'sustainability disclosure' 또는 'ESG disclosure', 일문문헌에는 'サステナビリティ開示', 중문문헌에는 '可持续披露' 또는 'ESG 披露', 한국 국내 문헌에는 'ESG 공시' 또는 '지속가능성 공시'의 용어로 주로 사용되고 있다. 대중에게는 'ESG 공시'라는 용어가 더 친숙한 듯하지만, ESG는 투자자가 고려해야 하는 3가지 대표적인 비재무 사항이라는 점에서 '지속가능성 공시'가 법률용어로서 더 적합하고 생각되어 이하 이 책에서는 '지속가능성 공시'로 통일하여 사용하기로 한다.

법률용어에 대해 살펴볼 필요가 있다.

'ESG'란 투자자가 투자 관련 의사결정을 하고 기업이 경영 관련 의사결정을 함에 있어 재무적 사항뿐만 아니라 환경Environmental, 사회Social, 지배구조Governance 요소를 고려하여야 한다는 주장을 의미한다.[3] ESG 논의는 일반적으로 2004년 UN 산하 국제기구인 유엔글로벌 콤팩트UN Global Compact와 스위스 정부의 주도로 진행된 "Who Cares Wins" 이니셔티브를 통해 시작되었다고 평가되지만,[4] 지금처럼 본격화된 것은 지난 몇 년 사이 세계적인 자산운용사들이 ESG 투자를 선언하고 주요 기업들이 ESG 경영에 동참하면서부터이다.[5] 이러한 배경 하에서, 회사의 ESG 정보는 투자자들이 회사에 대한 투자여부나 의결권 행사 방향을 결정함에 있어서 기초 자료로 되기 때문에, 관련 공시제도를 적절하게 설계하는 것이 중요한 과제로 부상하게 되었다.

재무정보의 경우, 그 역사가 깊어 대부분의 국가에서는 회계기준에 따라 재무제표에 의한 공시가 의무화되어 있고 이러한 재무제표는 감사의 대상으로 되기 때문에 비교가능성과 신뢰성이 높다. 그러나 비재무정보인 ESG 정보의 경우, 그 공시기준이 부재하여 각 기업에서 자율적으로 작성한 공시자료는 비교가능성이 낮을

---

[3] 정준혁, 「ESG와 회사법의 과제」, 『상사법연구』 제40권 제2호, 2021, 13쪽.
[4] Lund, Dorothy S., and Elizabeth Pollman, "The corporate governance machine", *Columbia Law Review Vol. 121*, 2021, p.2613.
[5] 2018년 세계적인 자산운용사인 블랙록(Blackrock)의 설립자인 래리 핑크(Larry Fink)가 블랙록이 투자한 대형 상장회사들의 경영자들에게 보내는 연례 서한에서 회사가 목적을 가져야 하고, 재무성과 창출뿐만 아니라 사회에 대한 긍정적 기여를 할 것을 강조하면서부터 ESG 투자의 열풍이 촉발되었고, 2019년 미국 주요 기업들의 CEO들로 구성된 모임인 비즈니스 라운드테이블(Business Roundtable, BRT)이 발표한 회사의 목적에 관한 성명서(Statement on the Purpose of a Corporation)를 통해 기업이 이해관계자들에게 기여해야 한다고 선언하여 기업들이 ESG 경영에 적극적으로 동참한 모습을 볼 수 있다.

뿐만 아니라 감사의 대상이 아닌 경우가 많아 신뢰성이 현저하게 부족하다. 또한 이러한 상황에서 기업들은 긍정적인 면에만 초점을 맞추고 자신에게 불리한 정보는 생략하려고 할 수 있으며 이 틈에서 이른바 그린워싱greenwashing과 같은 문제가 발생하여[6] 투자자에게 피해를 입힐 소지가 있다. 나아가 상술한 문제점을 해결 및 방지하기 위해서는 지속가능성 공시제도를 적절하게 구축하여 재무정보와 대등한 수준의 신뢰도를 갖는 비재무정보를 제공할 것이 필요하다.

Ⅱ. 제도의 유형

1. 국제기구 이니셔티브 공시제도

주지하는 바와 같이, 지속가능성 공시제도는 다양한 국제기구 이니셔티브를 통해 발전해왔다. 종래 지속가능성 정보에 대한 공시제도는 전 세계적으로 통일된 공시기준이 없이 기업의 자발적 활동에 맡겨져 운영되어 왔기 때문에 다양한 기관들이 제시한 통일되지 않은 기준들을 기업이 임의로 선택해서 관련 보고서들을 발표하는 양상을 보였다.[7] 국제적으로 약 374개에 달하는 다양한 지속가능성 공시기준이 존재하는 것으로 통계된 바 있고, 그 중에

---

[6] Fisch, Jill E, "Making sustainability disclosure sustainable", *Geo. LJ 107*, 2018, p. 10640.
[7] 문상일, 「국내 상장기업 ESG 관련 공시제도 현황과 개선방안」, 『경제법연구』 제22권 제2호, 2023, 71쪽.

서도 글로벌 보고 이니셔티브Global Reporting Initiative: GRI, 지속가능성 회계기준위원회Sustainability Accounting Standards Board: SASB, 기후변화 관련 재무정보 공개 협의체Taskforce on Climate-related Financial Disclosure: TCFD가 가장 보편적으로 사용되고 있었다.[8]

그러다 몇몇 단체와 기준들의 통합이 진행되었고, 2021년에는 IFRS 재단이 국제지속가능성기준위원회International Sustainability Standard Board(ISSB)를 설립하고 지속가능성 공시기준인 IFRS S1(지속가능성 관련 재무정보 공시를 위한 일반 요구사항)과 S2(기후 관련 공시)를 발표하여, 현재 많은 국가에 의해 활용되고 있다.

2. 법정공시제도

법Law이나 규정Regulation 형태의 법제화로 지속가능성 공시를 추진하고 있는 대표적인 지역은 EU이다. EU는 회계지침The Accounting Directive[9]을 통해 기업이 ESG 정보를 사업보고서에 기재하도록 요구해왔는데, 그 대상은 대기업에 한정되었고 공시되는 정보도 회원국마다 상이하여 비교가능성이 부족하였다.[10] 이에 따라 EU는 2014년 기업의 비재무정보공개지침(NFRD)을 제정하였고 2018년부터 본격적으로 시행하였다. 또한 지속가능성 정보의 신뢰성과 비교가능성을 높이기 위해 EU는 NFRD를 개정하는 기업지속가능성공개지침(CSRD)을 제안하였고 EU 기업뿐만 아니라 EU 이외의 기업

---

[8] 금융위원회, 「기업들이 지속가능성 공시 표준화에 대비할 수 있도록, SASB 기준 국문번역을 공개합니다", 2021.11.11.자 보도자료.
[9] Directive 2013/34/EU
[10] 김선민, 「유럽연합(EU)의 비재무적 정보 공시 현황 및 시사점」, 『기업지배구조리뷰』 제70호, 2013, 76쪽.

에 모두 적용되며 공시사항에 따라 일정 기간을 두어 단계적으로 공시 의무를 도입하고 있다.

EU 이외의 지역에서도 법정 공시제도를 도입한 사례가 점차 증가하고 있는데, 전반적인 추세는 지속가능성 공시제도를 법제화하는 방향으로 흘러가고 있다.

3. 거래소 공시제도

거래소는 주로 가이던스와 상장규정에 근거하여 지속가능성 공시제도를 운영하고 있고, 자율공시의 형태가 대부분이다.[11] 예컨대 미국의 나스닥NASDAQ의 경우, 세계거래소연맹(WFE)의 가이던스와 지표를 참고하여 지속가능성 공시 절차와 방법을 안내하는 가이던스를 제정하였고, 일본증권거래소(JPX)는 2020년 상장법인의 지속가능성 공시를 위한 실무 지침서를 마련하였다. 이외에도 아시아권 중 홍콩증권거래소(HKEX)는 2012년 상장법인의 자율준수의 방식으로 지속가능성 공시제도를 도입한 후 2016년부터 원칙준수·예외설명Comply or Explain의 형식으로 의무화하였고, 대만증권거래소(TWSE)도 2014년부터 일정한 기준에 따라 일부 기업을 대상으로 지속가능성 공시를 의무화하였다. 상기와 같이, 많은 거래소에서 지속가능성 공시와 관련된 절차와 방법 등을 안내하는 가이던스를 제정하고 있으며, 각 지역마다 독자적인 공시기준을 제정하는 방

---

[11] 지속가능성 거래소 이니셔티브(Sustainable Stock Exchange Initiative, 이하 'SSE')에 참여하고 있는 글로벌 134개 거래소 중 지속가능성 공시를 의무화하고 있는 거래소는 38개로 전체의 약 28.3%를 차지하고 있고, 나머지 96개, 약 71.7%의 거래소는 자율공시를 채택하고 있다. https://sseinitiative.org (최종접속일: 2024.11.08)

법보다는 기업에서 자율적으로 국제기주 이니셔티브의 공시기준을 채택하여 공시하도록 하고 있다. 2024년 10월말을 기준으로, SSE에서 통계한 결과에 근거하면 현재 SSE에 참여한 134개 거래소 중 73개 거래소가 ESG 가이너스를 제정하였으며, 가장 많이 참조하는 국제기준으로는 GRI로, 채택률이 96%에 달한다.[12]

<표 1> 글로벌 증권거래소(73개)에서 참조하는 공시기준의 현황[13]

구분	GRI	SASB	IIRC	CDP	TCFD	CDSB
채택 거래소의 수량	70개	59개	54개	51개	48개	24개
채택률	96%	82%	75%	71%	67%	34%

제2절
제도설계를 위한 일반적인 고려사항

이하에는 지속가능성 공시제도의 설계에 있어서 고려해야 하는 일반적인 사항에 대해 항목별로 구분하고 상세히 분석하고자 한다.

---

[12] SSE, "ESG Disclosure Guidance Database", https://sseinitiative.org/esg-guidance-database (최종접속일: 2024.11.08)
[13] SSE, 위의 사이트 참조.

Ⅰ. 공시내용

1. 공시범위

우선 어떠한 정보를 공시대상으로 정할지의 문제에 대해 살펴본다. 이 문제는 단일 중요성single materiality과 이중 중요성double materiality 중 어떠한 입장을 채택하는지에 따라 결정되기도 한다. 단일 중요성을 기준으로 하는 경우, 지속가능성 정보가 해당 기업에 재무적 영향을 미치는 상황에만 중요한 것으로 간주되고, 이중 중요성을 기준으로 하는 경우, 상술한 상황은 물론 기업의 활동이 환경이나 사회 등 외부에 중요한 영향을 미치는 경우에도 중요한 것으로 간주된다. 단일 중요성과 이중 중요성은 각각 ESG가 회사에 미치는 영향, 회사가 환경과 사회에 미치는 영향을 의미한다는 관점에서 외부적 관점outside-in perspective과 내부적 관점inside-out perspective으로 표현되기도 한다.[14]

<표 2> 단일 중요성과 이중 중요성[15]

	단일 중요성 (single materiality)	이중 중요성 (double materiality)
내용	비재무정보가 기업에 재무적으로 영향을 주는 경우로 한정	단일 중요성에 따른 정보 + 환경 및 사회에 영향을 주는 기업의 정보

---

[14] European Commission, Proposal for a Directive of the European Parliament and of the Council Amending Directive 2013/34/EU, Directive 2004/109/EC, Directive 2006/43/ECand Regulation (EU) No 537/2014, as regards corporate sustainability reporting, p.1.
[15] 정준혁, 앞의 논문, 261쪽.

관점	outside-in (환경, 사회 → 기업)	inside-out (기업 → 환경, 사회)
정보수령자	투자자	투자자를 비롯한 다양한 이해관계자
예시	전통적인 증권법 체계	환경법, 노동법, EU의 CSRD 등

GRI, SASB, TCFD, IIRC, CDSB 등 주요 국제기구 이니셔티브별로 지속가능성 공시와 관련된 중요성에 대한 정의가 〈표 3〉에서 볼 수 있듯이 기업가치에 대해 단기·중기·장기 관점을 모두 강조하는 입장도 있고 장기에 더 초점을 두는 입장도 있는 등 다소 상이하다. 그러나 넓게 보면 GRI를 제외한 나머지 국제기구 이니셔티브는 단일 중요성을 채택한 것으로 평가할 수 있다.

〈표 3〉 국제기구 이니셔티브별 중요성(Materiality) 정의

구분	국제기구	중요성 정의
단일 (Single)	ISSB	정보 이용자가 특정 보고 기업에 대해 재무 정보를 기초로 내리는 의사결정에 영향을 미칠 것으로 합리적 예상 가능한 정보
	SASB	누락된 사실이 공개되었다면 단기·중기·장기적인 재무적 성과와 기업가치에 대한 평가에 기초하여 합리적 투자자가 내리는 투자 또는 대출 판단에 상당한 영향을 주었을 것으로 예상되는 사항
	TCFD	주요 연간재무보고서에 사용하는 것과 동일한 중요성 평가 기준을 사용하되 기후 관련 위기의 장기적 성격을 감안하여 중요성이 없는 것으로 성급하게 결론을 내리지 않기를 권장
	IIRC	단기·중기·장기적 관점에서 조직의 가치창출 능력에 상당한 영향을 미치는 사항
	CDSB	크기와 속성에 따라 조직의 재무상태 또는 전략 달성 능력에 상당히 긍정적이거나 부정적인 영향을 미치는 것으로 예상되는 기후 관련 변화와 관련된 영향 또는 결과
이중 (Double)	GRI	조직의 경제, 환경, 인간(인권 포함)에 대한 상당한 영향을 반영하거나, 이해관계자의 결정에 실질적으로 영향을 미치는 주제

2. Scope 3과 면책조항 Safe Harbor

중요성 평가에 의하더라도 명확한 기준이 없을 경우, 개별 기업은 자의적 판단으로 장기적이고 예측이 필요하여 준비 부담이 있거나 좌초자산의 보유와 같은 불리한 정보를 공시하지 않을 수 있다. 이에 필수 항목으로 가장 시급하게 논의되어야 할 공시항목은 온실가스 배출량이다.

〈표 4〉 온실가스 배출량 범위(Scope 1, 2, 3)

구분	내용
Scope 1	기업이 소유 및 관리하는 사업장에서 직접 배출되는 온실가스
Scope 2	기업이 전기, 스팀 등 에너지원을 사용하여 간접 배출하는 온실가스
Scope 3	그밖에 기업 활동에서 부가가치가 생성되는 일련의 과정인 가치사슬(value chain) 또는 공급망에서 발생되는 일체의 배출량

과거에는 공시범위를 Scope 1에만 초점을 맞추었으나, 현재 사용 중인 에너지 100%를 태양광·풍력·수력 등 재생에너지로 전환하겠다는 기업의 자발적 약정인 'RE100'이 시작됨에 따라, Scope 3 배출량 감축이 탄소중립·감축의 핵심과제로 부상하였고 나아가 Scope 3까지 공시범위에 포함시키자는 논의가 진행되었다. 특히 Scope3은 그 공시범위에 가치사슬까지 포함함에 따라 전체 공시정보의 범위 확정과 가치사슬로부터의 정보 수집·검증이 어려우므로 배출 데이터를 생성하기 위해서는 추정치와 가정에 크게 의존해야 한다. 따라서 이러한 예측정보 forward-looking information 에 대해 실제 수치와 크게 다른 결과가 나올 가능성이 있으므로 기업들의 공시부담을 경감하기 위해서는 일부 필수 공시항목에 대해

면책조항을 제시하는 방안을 고려해볼 수 있다.

Ⅱ. 공시채널

국제기구 이니셔티브의 기준에 의거하면, 공시채널은 지속가능성 보고서, 웹페이지, 연차보고서 등 다양한 형태로 구분할 수 있다.[16] 공시채널과 관련하여, 우선 지속가능성 정보가 여러 공시채널을 통해 분산되어 제공됨에 따라 공시의 파편화fragmentation가 지적되고 있는데, 이러한 문제점을 해결하기 위해서는 일관성이 있는 공시채널 구축이 필요하다. 아울러 기존 지속가능성 정보의 공시체계를 재정비하여 일원화할 필요가 있다.

〈표 5〉 한국법상 환경(E)·사회(S) 관련 기존 공시체계

구분	환경(E)	사회(S)
사업보고서	• 환경 관련 정부규제 준수사항, 환경개선 설비에 대한 자본지출 계획 • 온실가스 배출량, 에너지 사용량	• 고용현황 및 임원보수 • 양성평등
거래소 공시	• 온실가스 배출권의 취득·처분 등 녹색경영정보에 대해 투자자에게 알릴 필요가 있다고 판단되는 사항 등	• 가족친화경영정보 • 노사관계
개별법	• 환경보호, 자원절약, 오염물질 배출 저감 등을 위한 목표 및 주요 활동계획, 성과에 관한 사항 등 공개(환경정보시스템 공시)	• 고용형태(고용안정정보망 공시) • 어린이집 설치(보건복지부 홈페이지 공시)

---

[16] CDP, CDSB, GRI, IIRC and SASB, "Reporting on enterprise value Illustrated with a prototype climate-related financial disclosure standard", 2020, p.40.

〈표 5〉에서 살펴보면, 환경⁽ᴱ⁾·사회⁽ˢ⁾ 관련 정보의 경우, 한국 국내에서는 사업보고서에 의한 공시, 거래소 공시 등으로 여러 근거규정에 따라 다양한 공시채널에 공시되고 있는데, 2026년까지 의무화 단계에 있는 기업지배구조 보고서⁽ᴳ⁾의 내용과 함께 동일한 공시채널로 공시하게 될 경우, 지속가능성 정보에 대한 투자자들의 접근성이 대폭 향상될 것으로 상정된다.

다음으로 공시의무를 '어떻게' 강화해 나갈 것인지에 대해 논의할 필요가 있다. 한국법상 공시채널은 주로 법상 의무가 부여된 공시인지 여부를 기준으로 「자본시장과 금융투자업에 관한 법률」(이하 '자본시장법')에 따른 법정공시와 한국 거래소 규정에 따른 거래소 자율공시로 구분할 수 있다. 자본시장법에 따른 법정공시이자 사업보고서의 경우, 재무의 관한 사항을 포함하고 있는 것은 물론 일부 비재무적인 사항도 포함하고 있지만 이의 기본 목적은 기업의 부담을 합리적으로 조정하면서 재무정보를 중심으로 투자자에게 반드시 필요한 정보를 제공하고자 하는 것에 두고 있다는 점 등에 비추어 볼 때, 현재 사업보고서에 일부 포함되어 있는 비재무적인 사항은 사업보고서의 전체적 체계를 고려하여 지속가능성 공시의 법제화를 위해 도입되었다고 보기에는 다소 어렵다는 지적이 존재한다.[17] 한편 해외의 지속가능성 보고서에 해당하는 '기업지배구조 보고서', '지속가능경영 보고서'가 한국거래소의 「유가증권시장 공시규정(이하 '공시규정')」, 「유가증권시장 공시규정 시행세칙(이하 '공시규정 시행세칙')」에 규정되어 일부 지속가능성 정보에 대한공시가 이루어지고 있다. 공시채널은 사실상 ISSB의 권고가 없기에 각 국에서 스스로 판

---

[17] 심원태, 「국내 공시제도 현황」, 『BKL』 제109호, 2021, 18쪽.

단해야 하는 사안에 가깝고, 이로 인해 한국 국내에서도 자본시장법 개정을 통한 법정공시가 필요하다는 주장과 거래소 자율공시가 적절하다는 주장이 엇갈리고 있다.

Ⅲ. 제3자 인증

이와 같이 공시된 지속가능성 정보의 내용이 과연 사실과 부합한지, 공시기준에 따라 적절하게 작성되었는지에 대해 검증을 진행하기 위해서는 제3자 인증assurance 제도를 함께 규정하는 것이 많이 제안되고 있는데, 재무제표에 대해 독립된 제3자인 외부 감사인이 감사를 실시하는 것과 같은 이치이다.[18]

제3자 인증이란 기업 책임아래 작성된 보고서에 포함된 정보가 정확하고 신뢰성이 있는지를 기업과 독립적 위치에 있는 외부의 전문가나 전문기관(컨설팅 기관, ISO 인증기관, 회계법인, 연구소 등)에서 일정한 기준과 절차에 따라 평가하고 검증하는 것을 가리킨다.[19] 기업이 긍정적인 정보를 기재하고 있는 지속가능성 보고서에 대해 자발적으로 제3자 인증을 진행하는 경우, 정보에 대한 신호효과를 누릴 수 있고,[20] 반대로 외부인증이 없는 긍정적인 지속가능성 공시는 경영자의 그린워싱으로 인지될 가능성도 있다.[21]

---

[18] 정준혁, 앞의 논문, 255쪽.
[19] 전영승, 「지속가능성보고서의 제3자 검증에 관한 연구」, 『상업교육연구』 제26권 제3호, 2012, 137쪽.
[20] Coram, Paul J., Gary S. Monroe, and David R. Woodliff, "The value of assurance on voluntary nonfinancial disclosure: An experimental evaluation", *Auditing: A Journal of Practice & Theory* 28.1, 2009.
[21] Lyon, Thomas P., and John W. Maxwell, "Greenwash: Corporate Environmental

또한 국제증권감독기구(International Organization of Securities Commissions: IOSCO)의 2023년도 보고서에 의하면, 투자자는 "일관되고consistent, 비교가능하고comparable, 신뢰할 수 있는reliable" 지속가능성 정보를 요구하고 있는데, 신뢰할 수 있는 지속가능성 정보는 제3자 인증을 통해서 얻을 수 있다. 현재 많은 국가에서 지속가능성 정보에 대한 제3자 인증을 의무화하였거나 의무화를 진행할 예정인데, 기업의 역량을 고려하여 인증수준, 인증비용, 인증인 자격제도 등을 포함한 제3자 인증제도의 설계방안이 논의될 필요가 있을 것이다.

Disclosure under Threat of Audit", *Journal of economics & management Strategy* 20, 1, 2011.

03
일본의 지속가능성 공시 법제도

제1절
일본의 입법례

Ⅰ. 종래의 공시 상황

종래 일본은 지속가능성 정보의 공시에 있어서 재무정보에 관한 금융상품거래법金融商品取引法(이하 '금상법')과 관련 부령과 같이 하나로 정해진 규칙이 부재하였다.[1] 따라서 지속가능성 정보는 주로 유가증권보고서를 중심으로 하는 법정공시 서류 또는 통합보고서를 위주로 하는 임의공시 서류로 뿔뿔이 흩어져 공시되고 있는 상황이었다.[2] 이하 우선 그 구체적인 내용에 대해 살펴본다.

---

[1] 김경일, 「일본의 ESG 정보공시와 그 시사점」, 『선전사상법률연구』 통권 제99호, 2022, 7쪽.
[2] 高橋大裕・中野竹司, 「日弁連ESGガイダンスを踏まえSGDs時代の法務対応と非財務情報開示(下)」, 『商事法務』第2183号, 2018, 48頁.

1. 법정공시

법정공시 서류로는 주로 금상법에서 정하는 유가증권보고서, 회사법에서 정하고 있는 사업보고서 및 계산서류, 도쿄증권거래소 규칙에 따른 결산단신과 기업지배구조 보고서(이하 'CG 보고서')가 있다.[3]

유가증권보고서과 관련하여, 금상법에서는 상장기업에게 제출의무를 부과하고 있는데,[4] 사업활동과 관련된 지속가능성 정보에 대해서도 그 것이 사업이나 실적에 중요한 영향을 미치는 경우에는 '경영방침, 경영환경 및 대처해야 하는 과제 등', '사업 등의 리스크', '재정상태, 경영성적 및 현금흐름キャッシュ・フロー 상황에 대한 분석'에 해당하는 사항으로, 공시가 요구된다.[5] 또한 지속가능성 관련 리스크의 대처상황이 주주가 주주총회에서 의결권을 행사하기 위한 중요한 정보인 경우에는 사업보고서에 공시하여 야 한다. 이외에도 도쿄증권거래소에서 상장하는 회사는 도쿄증권거래소의 유가증권상장규정에 따라 CG 보고서를 공시하도록 요구되고 있고, 투자자의 투자 판단에 중요한 영향을 미치는 회사의 업무, 운영 또는 재산과 관련된 사항이 발생한 경우에는 적시공시適時開示[6]가 요구되고 있다.[7]

---

[3] 経済産業省, "日本の企業情報開示の特徴と課題", 2024年 5月 1日, 11頁, https://www.meti.go.jp/shingikai/economy/corporate_information/pdf/001_a_04_00.pdf, (최종접속일: 2024.09.20.)
[4] 금융상품거래법 제24조.
[5] 금융상품거래법 제24조, 기업내용 등의 공시에 관한 내각부령(企業内容等の開示に関する内閣府令, 令和 4年 9月 1日) 제15조, 동 내각부령의 제3호 양식.
[6] 일본 상장회사에 대해서는 금융상품거래소의 자율규제로서 이른바 '적시공시'가 의무화되고 있는데, 투자자에 대한 정보공시를 보다 신속하게 실현하며 회사에게 중요한 정보 공시를 촉진함으로써 내부자거래 발생을 예방하는 효과도 있다. 川口恭弘, 「金融商品取引法への誘い」, 有斐閣, 2018, 107頁 참고.
[7] 유가증권상장규칙 제402조-제404조.

다만, 상술한 법정공시 서류는 모두 각자 단독으로 공시됨으로써 내용상 중복이 많다는 점이 지적되고 있고,[8] 유가증권보고서와 사업보고서에 지속가능성 정보를 공시하는 경우, 그 기준이 모호하여 사실상 정보 공시가 적극적으로 이루어지지 못하고 있었다. CG 보고서 또는 적시공시의 경우에도 역시 여전히 재무정보나 이사회 등 기업지배구조 분야의 정보에만 집중되어 그 효과를 보지 못하고 있는 상황이었다.[9]

2. 임의공시

임의공시 서류로는 재무정보와 지속가능성 정보의 공시를 모두 통합한 통합보고서외에도 지속가능성 보고서, ESG 보고서, ESG 데이터 북이 있는데,[10] 일본은 국제적으로도 통합보고서를 발행하는 기업수가 많은 지역으로,[11] 유가증권보고서와 별개로 통합보고서를 발행하는 기업이 많은 것으로 통계된 바가 있다.[12] 법적 구속력이 있는 법정공시의 경우, 허위공시 책임을 부담하게 될 가능성이 있기 때문에 당시 일본은 거의 대부분 통합보고서 등과 같이 임의공시 서류를 발행하는 것으로 지속가능성 정보의 공시를

---

[8] 経済産業省, 앞의 주 3)의 보고서, 13쪽.
[9] 김경일, 앞의 논문, 6쪽.
[10] 経済産業省, 앞의 주 3)의 보고서, 13쪽.
[11] 金融庁,「第2回金融審議会サステナビリティ情報の開示と保証のあり方に関するワーキング・グループ」, 2024.05.14.
https://www.fsa.go.jp/singi/singi_kinyu/sustainability_disclose_wg/shiryou/20240514.html (최종접속일: 2024.09.20)
[12] 2023년에 통합보고서를 발행한 일본기업은 1017개에 달하고, 특히 2020년 이래 지속가능성 정보공시가 추진됨에 따라 그 기업수가 큰 증폭을 보인 것으로 추정된다(経済産業省, 앞의 주 4)의 보고서, 41쪽 참조).

진행해왔다. 다만, 통합보고서의 공시 여부에 따라 투자자가 수령하는 정보의 양에 차이가 발생할 수 있고 기업에서 자신한테 불리한 정보를 자발적으로 공시하지 않는다는 실태가 존재하고 있다는 점이 지적되고 있었다.[13]

Ⅱ. 일본의 제도 정비과정

일본은 금융청을 주축으로, 금융심의회 산하에 "정보공시 워킹그룹ディスクロージャーワーキング・グループ"과 "지속가능성 정보의 공시와 인증 자세에 관한 워킹그룹サステナビリティ情報の開示と保証のあり方に関するワーキング・グループ (이하 'CG코드')"을 설치하여 자국의 지속가능성 공시 법제도의 정비를 추진하고 있다. 이하 그 구체적인 내용에 대해 살펴본다.

1. 기업지배구조 코드의 재개정(2021)

지속가능성 정보 공시와 관련하여, 일본에서 큰 주목을 받게 된 계기는 2021년 기업지배구조 코드(이하 'CG코드')의 재개정이다.[14] 일본의 CG코드는 2015년 6월 도쿄증권거래소에 의해 '유가증권상장규정'의 별첨으로 도입되었고, 당시 아베신조 총리 취임 이후 「일본재흥전략日本再興戦略」의 일환으로 기업지배구조 개혁이 국가적 과제로 추진됨에 따라 CG코드의 제정이 이루어진 것이다.[15] 그 후

---

[13] 上田亮子, 「サステナビリティ情報の高度化と信頼性確保」, 『資本市場』第466号, 2024, 8頁.
[14] 松元暢子, 「サステナビリティ情報開示をめぐる問題—金商法開示の視点から」, 『ジュリスト』第1598号, 2024, 37頁.

"CG코드의 책정과 관련된 전문가회의"[16]의 정기적인 개선 권고에 따라 2018년 1차 개정이 이루어졌고, 2021년 6월에 2차 개정을 완료하였다.

2021년 CG코드의 재개정에 의해 보충원칙 3-1③이 신설되었고 따라서 상장회사는 자사의 지속가능성에 대한 대응을 적절히 공시해야만 하였다. 특히 프라임 시장 상장회사에서는 TCFD 또는 이와 동등한 국제기준에 근거한 기후변화 공시 시스템을 갖출 것이 요구되었다.[17]

2. 「기업 내용 등의 공시에 관한 내각부령」(2023)

일본 금융청 금융심의회 산하의 정보공시 워킹그룹은 당시 경제사회 형세의 변화에 따라 투자자의 투자판단과 건설적인 대화에 이바지하는 기업공시의 존재방식을 검토하기 위해,[18] 2021년 9월부터 일본의 기업공시제도에 대해 검토를 진행해왔다. 그 후 곧 정보공시 워킹그룹의 주도로 지속가능성 정보를 법정공시 대상인 금

---

[15] 日本取引所グループ, "コーポレートガバナンス・コード原案", 2015年 5月 13日, 1頁.
[16] 2014년 8월, 일본은 금융청과 도쿄증권거래소가 공동 사무국으로 되어 있는 "CG코드의 책정과 관련한 전문가회의(コーポレートガバナンス・コードの策定に関する有識者会議)"를 설치하여 CG코드의 제정을 추진하였다. (日本取引所グループ, 앞의 발표자료 1면 참조.)
[17] 일본 기업지배구조 코드 보충원칙 3-1③ : 상장회사는 경영 전략의 공시에 있어서 자사의 지속가능성에 대한 대응을 적절히 공시해야 한다. 또한 인적자본이나 지적 재산의 투자 등에 대해서도, 자사의 경영전략・경영과제와의 정합성을 의식하면서 알기 쉽게 구체적으로 정보를 공시・제공해야 한다. 특히 프라임 시장 상장회사는 기후변호와 관련된 리스크 및 수익기회가 자사의 사업활동이나 수익 등에 미치는 영향에 대해 필요한 데이터의 수집과 분석을 실시하고, 국제적으로 확립된 프레임워크인 TCFD 또는 이와 동등한 틀에 근거한 공시의 질과 양의 내실화를 추진해야 한다.
[18] 金融庁, 「第1回 金融審議会ディスクロージャーワーキング・グループ」 事務局説明資料, 2021.09.02.
https://www.fsa.go.jp/singi/singi_kinyu/disclose_wg/siryou/20210902/03.pdf (최종 접속일: 2024.08.28.)

상법상의 유가증권보고서에 포함시키는 것에 대한 논의가 진행되었고 2022년 6월에는 이와 같은 논의를 정리한 보고서[19,]의 내용[20,]을 바탕으로 2023년 1월 31일에 「기업내용 등 공시에 관한 내각부령企業内容等の開示に関する内閣府令(이하 '공시 내각부령')」을 개정 및 시행함으로써 지속가능성 정보 공시가 유가증권보고서를 제출하는 모든 상장회사를 대상으로 의무화되기 시작하였다.

구체적으로 개정 공시부령에는 유가증권보고서에 관한 양식(개정 공시부령 별지 제2호)에 지속가능성과 관련한 정보를 기재하는 란을 신설하였고, 위 공시부령의 개정과 더불어 「기업내용 등 공시에 관한 유의사항(기업내용 등 공시 가이드라인)」에 대해서도 개정을 진행하였다.

3. 일본판 지속가능성 공시기준의 제정(2024)

비록 공시부령의 개정으로 인해, 유가증권보고서에 지속가능성 정보를 공시하게 되었지만, 해당 시기에 일본은 아직 지속가능성 공시를 위한 구체적인 기준이 제정되지 않았고, 투자자의 투자판단에 지속가능성 정보를 활용하기 위해 비교가능성과 일관성이 있는 공시기준이 필요하게 되었다. 구체적인 공시기준을 제정하기 위해, 일본은 2022년 7월 공익재단법인 재무회계기준기구Financial Accounting Standards Foundation: FASF 산하에 지속가능성 기준위원회Sustainability

---

[19,] 金融審議会, "ディスクロージャーワーキング・グループ報告―中長期的な企業価値向上につながる資本市場の構築に向けて―", 2022.06.13.
https://www.fsa.go.jp/singi/singi_kinyu/tosin/20220613/01.pdf(최종접속일: 2024.08.28.)
[20,] 해당 보고서는 기존의 기업공시제도를 보완 및 확충하기 위해 ① 지속가능성, ② 기업지배구조, ③ 공시의 빈도와 타이밍, ④ 공시관련 개별과제 등의 관점에서 개선방안을 검토를 진행하였다.

Standards Board of Japan: SSBJ를 설립하였고, SSBJ의 주도하에 ISSB가 공표한 지속가능성 공시기준을 바탕으로 일본판 지속가능성 공시기준을 개발해나가고 있었다.[21]

2024년 3월 29일, SSBJ는 지속가능성 공시 유니버셜 기준 및 지속가능성 공시 테마별 기준의 공개초안サステナビリティ開示ユニバーサル基準及びサステナビリティ開示テーマ別基準の公開草案(이하 'SSBJ 기준 초안')을 발표하여 의견수렴을 시작하였다. 2025년 3월까지 최종안의 확정을 목표로 하고 있는 SSBJ 기준 초안 자체에는 현재 강제력이 없으나, 금융심의회에서 SSBJ 기준 초안의 의무화에 대해 검토를 진행하고 있는 상황이다.[22]

4. 일본의 최근 동향

국제적으로 각 국에서 지속가능성 정보에 대한 제3자 인증제도의 도입이 시작되고, 국내 투자자들이 지속가능성 정보의 신뢰성을 확보할 데 관한 요구가 증가됨에 따라, 2024년 3월 금융청은 금융심의회에 "지속가능성 정보의 공시와 인증자세에 관한 워킹그룹サステナビリティ情報の開示と保証のあり方に関するワーキング・グループ(이하 '공시・인증 워킹그룹')"을 신설하여 일본의 지속가능성 공시기준 및 제3자 인증 제도에 대한 정비를 시작하였다.[23] 현재까지 총 4번의 회의가 진행되고 있었

---

[21] SSBJ, "The SSBJ issues Exposure Drafts of Sustainability Disclosure Standards to be applied in Japan", March 29, 2024. https://www.ssb-j.jp/en/wp-content/uploads/sites/7/news_release_20240329_e.pdf (최종접속일: 2024.09.20.)
[22] 金融庁, 앞의 주 18)의 자료, 16頁.
[23] 金融庁, "サステナビリティ情報の開示と保証のあり方に関するワーキング・グループ", 2024.03.26.
https://www.fsa.go.jp/singi/singi_kinyu/sustainability_disclose_wg/shiryou/20240326.html (최종접속일: 2024.08.28.)

고, 향후 일본 지속가능성 공시 법제도의 동향을 파악하기 위해, 그 구체적인 내용에 대해 살펴본다.

(1) 제1차 회의

2024년 3월 26일에 진행된 공시·인증 워킹그룹 1차 회의에서는 글로벌 투자자와의 건설적인 대화를 진행하는 것을 중심으로 하는 기업(프라임 시장에서 상장하는 기업 또는 그 중 일부 기업)을 SSBJ 공시 기준의 적용대상으로 할 것인지 여부에 대해 주로 검토하였다.

구체적으로 EU와 미국을 비롯한 선진국들의 입법례를 참고하여 프라임 시장에서 상장하는 시가총액이 높은 기업으로부터 단계적으로 그 적용대상을 확대하는 방안을 고려하였는데, SSBJ 공시 기준 적용의 첫 해에는 시가총액이 3조엔 이상의 상장기업을 적용대상으로, 그 다음해에는 시가총액이 1조엔 이상의 상장기업을 적용대상으로 하고, 적용시기에 대해서는 2027년 3월기 혹은 2028년 3월 기 중 어느 시기가 적당한지에 대해 논의하였다.[24]

당시 워킹그룹 멤버로부터 적용시기를 2027년 3월기로부터 정하려는 의견이 많았고, 또한 투자자의 입장에서 고려할 때 시가총액이 높은 기업은 상대적으로 적어,[25] 투자 유니버스投資ユニバース로서 과소하다는 점이 지적되고 있었다.

---

[24] 金融庁, "サステナビリティ情報の開示と保証のあり方に関するワーキング・グループ" 第1回 事務局説明資料, 30頁.
  https://www.fsa.go.jp/singi/singi_kinyu/sustainability_disclose_wg/shiryou/20240326.html (최종접속일: 2024.08.28.)
[25] 제1차 회의의 자료 통계에 의하면, 시가총액이 3조엔 이상에 달하는 상장기업은 총 69개, 1조엔 이상 달하는 상장기업은 총 19개로 통계되었다.

(2) 제2차 회의

이러한 논의를 바탕으로, 2024년 5월 14일에 열린 제2차 회의에서는 2027년 3월기부터 적용할 것을 중심으로, 첫 해에는 시가총액이 3조엔 이상, 두 번째 해에는 1조엔 이상, 세 번째 해에는 5000억엔 이상의 상장회사에게 기준을 적용할 것을 제안하였다.[26] 상기 제안은 5000억엔 이상 프라임 상장회사가 294개에 달한다는 점, 대부분 글로벌 투자자가 적용하는 MSCI Kokusai Index와 비슷하다는 점을 고려한 것이다.

(3) 제3차 회의

공시·인증 워킹그룹은 지난 6월 28일에 열린 제3차 회의를 통해 SSBJ공시 기준 및 지속가능성 인증 제도의 도입과 관련된 전반적인 방향을 제시하였다. 즉 프라임 시장에서 상장하는 시가총액이 3조엔 이상인 상장기업을 주축으로 단계적으로 도입하여 전체 프라임 시장에서 상장하는 기업을 커버하려는 방안[27]인데 구체적인 일정[28]은 다음과 같다.

---

[26] 金融庁, "サステナビリティ情報の開示と保証のあり方に関するワーキング・グループ" 第2回 事務局説明資料, 2024.05.14.
https://www.fsa.go.jp/singi/singi_kinyu/sustainability_disclose_wg/shiryou/20240514/01.pdf (최종접속일: 2024.08.28.)
[27] 스탠다드 시장, 그로스 시장 및 유가증권보고서를 제출하는 비상장회사에 대해서는 임의적으로 적용하도록 한다.
[28] 金融庁, 「サステナビリティ情報の開示と保証のあり方に関するワーキング・グループ」第3回 事務局説明資料, 2024.06.28, 4頁.
https://www.fsa.go.jp/singi/singi_kinyu/sustainability_disclose_wg/shiryou/20240628/01.pdf (최종접속일: 2024.08.28.)

<표 6> 일본 공시·인증 워킹그룹 제3차 회의의 도입방안

적용시기	2026년 3월기	2027년 3월기	2028년 3월기	2029년 3월기	...	203X년 3월기
적용대상	자발적 적용	시가총액 3조엔 이상 (의무적용)	시가총액 1조엔 이상 (의무적용)	시가총액 5000엔 이상 (의무적용)	단계적 확대	전체 프라임 시장 내 상장회사 (의무적용)
		인증 요구 없음	인증 요구 있음	인증 요구 있음		인증 요구 있음

이외에도 공시·인증 워킹그룹은 기업의 부담을 고려하여, SSBJ 공시 기준이 의무적으로 적용되는 첫 해에는 2단계 공시[29·]를 허용하는 방안을 제기하고 있었다.

(4) 제4차 회의

SSBJ 공시 기준의 도입과 관련하여, 제4차 회의에서는 제3차 회의에서 제기된 '2단계 공시'에 대해 세부적으로 규정할 논의가 진행되고 있었고, 종래에는 유가증권보고서의 정정보고서에 공시하는 방법과 반기보고서에 공시하는 방법이 고려되고 있었지만, 이번 회의에서는 정정보고서에서는 법적으로 제출기간이 규정되어 있지 않기에 반기보고서보다 일찍이 공시할 수 있다는 우점이 있어 유가증권보고서의 정정보고서에 2단계 공시를 진행하는 것이 바람직하다는 결론을 내렸다.[30·]

또한, 본 회의에서는 인증 제도에 대한 공시·인증 워킹그룹의

[29·] 2단계 공시란 우선 유가증권보고서에 공시를 진행하고, 그 후 유가증권보고서의 정정보고서 혹은 반기보고서에 지속가능성 공시로 인해 필요로 하는 사항을 추가적으로 공시하는 것을 가리킨다.
[30·] 金融庁, "金融審議会 サステナビリティ情報の開示と保証のあり方に関するワーキング·グループ" 第4回 事務局説明資料, 2024. 10. 10. 3頁.
https://www.fsa.go.jp/singi/singi_kinyu/sustainability_disclose_wg/shiryou/20241010/01.pdf(최종접속일: 2024. 10. 15)

구체적인 도입방안을 볼 수 있는데, 인증범위와 관련하여, 미국의 입법례를 참고하여 일정한 기간 내에는 Scope 1, 2 배출량에 대해서만 제3자 인증을 진행하고 그 인증수준에 대해서는 우선 제한적 확신으로 하되, 금후 실무의 상황과 해외의 동향을 고려하여 합리적 확신으로 상향할 가능성을 검토하겠다고 밝혔다. 또한 인증인 자격과 관련하여, 새로운 제도를 수립하여 등록을 받은 감사법인과 기타 인증 업무 제공자만 인증을 제공할 수 있도록 하되, 수요에 따라 외부 전문가도 활용할 것으로 상정된다.[31]

제2절
현행 지속가능성 공시제도

Ⅰ. 법적근거

일본 금상법에 의하면, 발행자는 유가증권의 모집 또는 판매를 위하여 유가증권신고서를 제출하여야 하고,[32] 매 사업연도마다 일정한 기간 내에 유가증권보고서를 제출해야 한다.[33],[34] 또한, 상술한 유가증권신고서와 유가증권보고서의 구체적인 공시사항을 공시 내각부령으로 규정하고 있는데, 해당 공시 내각부령이 2023

---

[31] 金融庁, 위의 설명자료, 32쪽.
[32] 일본 금융상품거래법 제5조 제1항.
[33] 일본 금융상품거래법 제24조 제1항.
[34] 일본의 국내회사는 해당 사업연도 경과 후 3개월 이내에 유가증권보고서를 제출해야 하고, 외국회사에 대해서는 공익 또는 투자자 보호를 위해, 정령에서 정한 필요하고 적당한 기간 내에 내각총리대신에게 제출할 것을 요구하고 있다(일본 금융상품거래법 제24조 제1항의 내용을 참조).

년 1월에 개정됨으로써 지속가능성 정보를 양 보고서에 기재하도록 의무화하였다.[35] 이로 인해 그 법적 근거는 상술한 규정에 따라야 할 것이다.

Ⅱ. 대상기업 및 일정

공시 내각부령은 유가증권 발행회사의 유형에 따라 유가증권신고서 및 유가증권보고서의 양식을 부동하게 규정하고 있다.

나아가 2023년의 공시 내각부령 개정은 공시부령에 기한 모든 유가증권신고서 양식 및 유가증권보고서 양식에 "지속가능성에 관한 사고방식 및 대처サステナビリティ関する考え方及び取組み"의 기재란(이하 '지속가능성 정보 기재란')을 신설함으로써 유가증권신고서 또는 유가증권보고서 발행의무를 부담하는 모든 회사들에 대해 지속가능성 정보의 공시의무가 부과되었다. 이외에도 공시부령에 기한 유가증권신고서 양식 중 국내회사(제2호) 및 국내회사 소액모집(제2호의 5)의 경우에 "종업원의 상황" 기재란에 성평등 및 다양성 관련 기재사항이 추가됨으로써 특정 조직재편성 발행·교부 등의 경우를 제외한 모든 국내회사의 유가증권 발행 시 관련 정보 기재가 의무화되었다.

상술한 지속가능성 정보공시 의무는 2023년 3월 31일 이후에 종료하는 사업연도 관련 유가증권보고서 및 유가증권보고서에 적

---

[35] 구체적으로, 공시부령 조문의 개정 없이 별첨 유가증권신고서 및 유가증권보고서 양식상 지속가능성 정보에 대한 기재란을 신설하였다. [金融庁, "企業内容等の開示に関する内閣府令等の一部を改正する内閣府令", 2023.01.31. https://www.fsa.go.jp/news/r4/sonota/20230131/03.pdf, (최종접속일: 2024.08.29.)]

용되므로, 2023년 3월말 결산기업부터 그 의무가 적용된다.[36]

Ⅲ. 공시 대상 정보

개정 공시부령으로 인하여, 먼저 '지속가능성에 대한 사고방식 및 대처'에 관한 기재가 의무화 되었고,[37] 그 구체적인 내용은 다음과 같다.

"기재상의 주의"에 (i) 거버넌스(지속가능성 관련 리스크 및 기회를 감시하고 관리하기 위한 거버넌스의 과정, 통제 및 절차를 가리킨다) 및 리스크 관리(지속가능성 관련 리스크 및 기회를 식별하고 평가하고 관리하기 위한 과정을 가리킨다)에 관하여 기재할 것, (ii) 전략(단기, 중기 및 장기에 걸쳐 연결회사의 경영방침·경영전략 등에 영향을 미치는 가능성이 있는 지속가능성 관련 리스크 및 기회에 대처하기 위한 대응을 가리킨다) 및 지표와 목표(지속가능성 관련 리스크 및 기회에 관한 연결회사의 실적을 장기적으로 평가하고 관리 및 감시하기 위해 이용되는 정보를 가리킨다) 중 중요한 것에 대하여 기재할 것, (iii) 인적자본(인재의 다양성을 포함함)에 관한 전략 및 지표와 목표에 대하여, (a) 인재의 다양성 확보를 포함한 인재의 육성에 관한 방침 및 사내 환경 정비에 관한 방침(예컨대 인재의 채용 및 유지와 종업원의 안전 및 건강에 관한 방침 등)을 "전략"에 기재하고, (b) (a)에서 기재한 방침에 관한 지표의 내용과 해당 지표를 이용한 목표 및 실적을 "지표 및 목표"에 기재할 것이라는 내용이 추가되었다.[38]

---

[36] 2023년 개정 공시 내각부령 제2조.
[37] 유가증권신고서에 관한 제2호 양식, 제2호의4 양식, 제7호 양식 "제2부 기업정보" 중 "제2 사업의 상황"의 2번 항목, 제2호의5 양식, 제2호의6 양식, 제2호의7 양식 "제3부 기업정보" 중 "제2 사업의 상황"의 2번 항목, 제7호의4 양식 "제3부 발행인 정보" 중 "제3 사업의 상황"의 2번 항목으로 "지속가능성에 관한 사고방식 및 대처"가 신설됨. 또한, 유가증권보고서에 관한 제3호 양식, 제3호의2 양식, 제4호 양식 "제1부 기업정보" 중 "제2 사업의 상황"의 2번 항목, 제8호 양식, 제9호 양식 "제1부 기업정보" 중 "제3 사업의 상황"의 2번 항목으로 "지속가능성에 관한 사고방식 및 대처"가 신설됨.

또한 "종업원의 상황" 기재란에 성평등 및 다양성 관련 기재사항이 추가되었고, 최근 사업연도 제출회사 및 그 연결자회사가 관리직에서 차지하는 여성 노동자의 비율,[39] 남성 노동자의 육아휴업 취득률,[40] 노동자 남녀의 임금 차이[41]를 기재할 것을 요구하였다.

Ⅳ. 중요성 기준

일본은 법체계의 일관성이라는 측면에서 금상법상의 유가증권보고서에 공시를 요구하는 이상, 금상법의 목적 및 취지가 투자자 및 시장 질서를 보호하는 것이므로 투자자에 대해서만 정보 공시를 하는 단일중요성 원칙을 채택하고 있다.[42]

Ⅴ. 공시의 위치

일본은 법정공시를 채택하므로, 별도로 지속가능성 보고서를

---

[38] 제2호 양식 "기재상의 주의" 중 "(30-2) 서스테이너빌리티에 관한 사고방식 및 대처" 항목 신설. 제2호의5 양식, 제3호 양식, 제3호의2 양식, 제7호 양식, 제8호 양식의 "기재상의 주의"에도 제2호 양식의 기재상의 주의 사항에 준하여 기재하도록 하는 내용이 추가되었다.

[39] 다만, 제출회사 및 그 연결자회사가 최근 사업연도 관리직에서 차지하는 여성노동자의 비율에 대하여 여성의 직업생활에서의 활약의 추진에 관한 법률(女性の職業生活における活躍の推進に関する法律, 이하 "일본 여성활약추진법"이라 한다)의 규정에 따른 공표를 하지 않는 경우, 그 기재를 생략할 수 있다.

[40] 다만, 제출회사 및 그 연결자회사가 최근 사업연도의 노동자 남녀별 육아휴업 취득률에 관하여 일본 여성활약추진법의 규정에 따른 공표를 하지 않는 경우, 그 기재를 생략할 수 있다.

[41] 다만, 제출회사 및 그 연결자회사가 최근 사업연도의 노동자 남녀의 임금 차이에 관하여 일본 여성활약추진법의 규정에 따른 공표를 하지 않는 경우, 그 기재를 생략할 수 있다.

[42] 고일훈, 「ESG 정보 공시제도의 국제적 흐름과 일본의 대응」, 『중견기업연구』 제10권 제2호, 한국중견기업학회, 76쪽.

발행하는 것이 아니라 유가증권신고서 및 유가증권보고서에 지속가능성 정보를 공시한다.

Ⅵ. 위반 및 허위공시 시의 법적책임

일본은 유가증권보고서 등 법정공시 서류에 지속가능성 정보를 공시함으로, 위반 및 허위공시 시 행위자에 대해 금상법에 따른 행정처분, 형사책임, 민사책임을 추궁할 수 있다. 각 법적제재의 내용 및 상응하는 대상행위의 범위는 상이하며, 과징금 같은 경우 주관적으로 고의·과실을 불문하고, 형사책임은 고의가 있는 경우에 대해서만 행위자에게 법적책임을 부담하게 하고 있다. 이하 금상법상 지속가능성 정보에 대해 허위공시 시 관련 법적제재의 세부규정을 살펴본다.

〈표 7〉 일본 금상법상 지속가능성 정보의 허위기재와 관련된 법적제재

유형	대상 행위	법적제재의 내용	비고
행정처분	① '중요한 사항'에 대해 허위적으로 기재한 경우 ② 기재해야 하는 중요한 사항의 기재가 부재한 경우 ③ (오해를 유발하지 않기 위해 필요한 중요한 정보의 기재가 부재한 경우)	제출회사에 대해: • 정정서류의 제출명령 • 제출서류의 효력정지명령 • 과징금 납부명령	고의·과실을 불문함
형사책임	'중요한 사항'에 대해 허위적으로 기재한 유가증권보고서 등을 제출한 경우	개인: 10년 이하의 징역, 1000만엔 이하의 벌금 법인: 7억엔 이하의 벌금	고의가 있는 경우의 책임

민사책임	① 중요한 내용에 대해 허위적으로 기재하는 경우 ② 기재해야 하는 중요한 사항의 기재가 부재한 경우 ③ 오해를 유발하지 않기 위해 필요한 중요한 정보의 기재가 부재한 경우	제출회사 및 이의 임원에 대해 손해배상책임을 청구할 수 있음	**제출회사** • 발행시장: 　무과실책임 • 유통시장:과실책임 **임원** 발행·유통시장: 과실책임

1. 행정책임

금상법은 유가증권신고서 또는 유가증권보고서상 중요한 사항에 대하여 허위적으로 기재하거나, 기재해야 하는 중요한 사항 또는 오해를 유발하지 않기 위해 필요한 중요한 사실을 기재하지 않는 경우, 제출자에게 정정서류의 제출명령,[43]· 제출서류의 효력정지명령[44]· 및 과징금 납부명령[45]·[46]· 등 행정처분을 내릴 수 있다.

구체적으로 정정서류의 제출명령과 관련하여, 내각총리대신은 회사에서 제출한 유가증권신고서가 형식상 불비가 있거나 기재해야 하는 중요한 사항이 불충분하다고 인정되면 제출자에게 정정신고서를 제출할 것을 명령할 수 있고(금상법 제9조 제1항), 유가증권보고서도 마찬가지로 중요한 사항에 대하여 허위적으로 기재하거나, 기재해야 하는 중요한 사항 또는 오해를 유발하지 않기 위해 필요한 중요한 사실을 기재하지 않는 경우, 제출자에 대해 정정신고서의 제출을 요하거나 필요한 경우, 제출서류의 효력을 정지하는 명령

---

[43]· 금융상품거래법 제9조 제1항.
[44]· 금융상품거래법 제10조 제1항.
[45]· 과징금 납부명령의 경우, 오해를 유발하지 않기 위해 필요한 중요한 사실을 기재하지 않는 행위는 이의 대상행위에 해당하지 않는다.
[46]· 금융상품거래법 제172조의 4.

을 내릴 수 있다(금상법 제10조 제1항). 또한, 공익 또는 투자자 보호를 위해 필요하다고 인정되는 경우, 내각총리대신은 제출자에게 정정서류 또는 신고서류를 제출할 것을 명령할 수 있고,[47] 검사 및 조사를 진행할 수 있다.

또한 과징금 납부명령과 관련하여, 내각총리대신은 제출자가 중요한 사항에 대해 허위적으로 기재하거나 기재해야 하는 중요한 사항의 기재가 부재한 유가증권신고서를 제출한 경우, 600만엔 또는 그 이상의 과징금을 국고에 납부하도록 명령할 수 있고(금상법 제172조의 4), 상술한 행정처분들은 모두 주관 상 고의·과실을 불문하고 제출자에게 책임을 부과할 수 있다.

2. 형사책임

형사책임과 관련하여, 금상법은 유가증권신고서 또는 유가증권보고서의 중요한 사항에 대해 허위적으로 기재하여 제출한 자에게 10년 이하의 징역 또는 100만엔 이하의 벌금(병과가능)을 부과하고 있다.[48] 위법행위의 행위자가 법인인 경우, 7억엔 이하의 벌금형에 처할 수 있는데,[49] 개인 또는 법인의 경우는 모두 주관 상 고의를 요하고 있다.

---

[47] 일본 금융상품거래법 제26조.
[48] 일본 금융상품거래법 제197조 제1항.
[49] 일본 금융상품거래법 제207조 제1항 제1호.

3. 민사책임

유가증권보고서의 중요한 사항에 대해 허위적으로 기재하거나, 기재해야 하는 중요한 사항 또는 오해를 유발하지 않기 위해 필요한 중요한 사실을 기재하지 않는 경우, 해당 유가증권보고서의 제출자는 유가증권을 모집 또는 판매함에 따라 해당 유가증권을 취득한 자에 대해 손해배상책임을 부과하고 있다. 다만 제출회사는 유가증권의 취득자에 대해 무과실책임을 부담하고 해당 유가증권을 취득한 자가 취득 시 허위기재가 있거나 결여하다는 것을 알고 있었음을 그 요건으로 한다.[50] 또한 상술한 경우, 해당 유가증권보고서의 제출자는 유가증권을 모집 또는 판매의 방식이 아닌 기타 방식으로 취득한 자 혹은 처분한 자에 대해서도 손해배상책임을 부담하는데, 이때 제출회사는 유가증권의 취득자 또는 처분자에 대해 과실책임을 부담하고, 해당 유가증권보고서 등의 허위기재가 고의 또는 과실이 아니라는 점을 증명하면 손해배상책임을 면하게 된다.[51]

이외에도 제출회사뿐만 아니라 회사의 임원에 대해서도 손해배상책임을 부과하고 있는데, 유가증권보고서의 중요한 사항에 대해 허위적으로 기재하거나, 기재해야 하는 중요한 사항 또는 오해를 유발하지 않기 위해 필요한 중요한 사실을 기재하지 않는 경우, 유가증권의 발행 혹은 유통에 의해 해당 유가증권을 취득한 자 혹은 처분한 자에 대해 모두 손해배상책임을 부담한다.[52] 다만, 상당한

---

[50] 일본 금융상품거래법 제18조.
[51] 일본 금융상품거래법 제21조의 2.
[52] 일본 금융상품거래법 제21조, 제22조.

주의를 하였음에도 불과하고 알 수 없었다는 점을 증명할 수 있으면 이로부터 면책될 수 있다.[53]

Ⅶ. 면책조항

1. 장래정보

금융청은 2019년 개정된 내각부령에서 사업 등 리스크와 같은 장래에 대한 예측정보와 허위기재의 관계에 대해 "일반적으로 합리적이라고 생각되는 범위에서 구체적인 설명이 이루어진 경우, 제출 후에 사정이 변화된 것으로 허위기재의 책임을 물을 수 없다고 생각한다"라고 밝힌 바가 있다.[54]

2023년 개정 공시부령에서는 유가증권보고서의 기재상의 주의에 관한 일반적인 사항으로 '제1부 기업정보'의 '제2 사업의 상황'의 '1. 경영방침, 경영환경 및 대처해야 할 과제 등' 내지 '4. 경영자에 의한 재무상태, 경영성과 및 현금흐름 상황의 분석'에 장래정보를 기재하는 경우, 일반적으로 합리적이라고 생각되는 범위 내에서

---

[53] 일본 금융상품거래법 제21조.
[54] 사업 등의 위험에 대한 기재가 허위 기재에 해당하는지 여부는 개별적으로 판단해야 할 것으로 생각되는데, 제출일 현재 경영자가 기업의 경영성적 등 상황에 중요한 영향을 미치는 가능성을 인식하고 있었지만 주요한 리스크에 대해 일반적으로 합리적이라고 생각되는 범위 내에서 구체적인 설명이 이루어졌을 경우, 제출 후에 사정의 변화가 발생하였더라도 허위기재의 책임을 물을 수 없다고 생각된다. 다른 한편, 제출일 현재 경영자가 기업의 경영성과 등 상황에 중요한 영향을 미치는 가능성이 있다는 것을 인식하고 있었지만 주요 리스크에 대해 감히 기재하지 않는 경우, 허위기재에 해당한다고 생각된다. [金融庁, "企業内容等の開示に関する内閣府令の一部を改正する内閣府令(案)に対するパブリックコメントの概要及びコメントに対する金融庁の考え方" No. 16 참조, 2019.01.31. https://www.fsa.go.jp/news/30/sonota/20190131/01.pdf (최종접속일: 2024.09.20.)]

구체적인 설명이 기재되어 있다면, 기재된 장래장보와 실제 결과가 다른 경우에도 즉시 허위기재에 대한 책임이 없을 분명히 하고 있다. 또한 상술한 경우에 대해 예를 들어, 회사 내에서 합리적인 근거에 의하여 적절한 검토를 거치고 있는 경우에는 그 검토내용(전제가 된 사실, 가정 및 추론과정 등)의 개요를 기재할 수 있다는 점을 명확히 하였다.

2. 기타 서류의 참조

앞서 서술한 바와 같이, 종래 일본은 주로 통합보고서 등 임의공시 서류에 의해 지속가능성 정보 공시를 진행하여 왔으며, 또한 이사회, 지명위원회·보수위원회의 활동상황 공시에 대해서는 CG보고서를 통해 공시를 진행해왔다. 이와 같이, 유가증권보고서이외의 공시서류에서도 공시를 추진할 수 있다는 관점에서 금융청은 세부정보에 대해서는 임의공시서류 등을 참조할 수 있다는 것, 이때 허위기재의 법적책임에 대한 생각의 정리가 필요하다는 의견이 제시되었다.

2023년 개정 공시부령은 "지속가능성에 관한 사고방식 및 대응" 혹은 "기업지배구조의 개요"의 기재에 있어서 유가증권보고서에 기재해야 하는 중요한 정보를 공시한 후, 보완적인 세부정보는 임의로 공시한 기타 서류를 참조할 수 있다고 명시하였다. 또한, 참조한 서류에 허위적인 기재 또는 오해를 유발하는 표시가 있더라도 해당 서류에 중요한 허위표시 또는 오해를 불러일으킬 수 있는 표시가 있음을 명백히 알면서 참조한다는 취지를 기재한 것 자체가 유가증권보고서의 허위기재 등으로 간주할 수 있는 경우를 제외하고는 그 허위기재의 법적책임을 부담하지 않는다고 밝히고 있다.

Ⅷ. 제3자 인증

일본 금융청은 지속가능성 정보에 대한 인증의 중요성을 강조하고 있으나, 현재로서는 제3증 인증을 요구하지 않고 있다. 다만 최근 공시·인증 워킹그룹의 제4차 회의에 의하면, 2028년 3월기부터 프라임 시장 상장기업으로부터 단계적으로 제3자 인증을 도입할 예정으로 보인다. 또한 인증범위와 관련하여 Scope 3 공시를 의무화하지 않고, Scop3 1, 2에 대해서만 제3자 인증을 적용하는 미국 SEC 기후공시규칙에 대해 중점적으로 검토하고 인증 수준과 관련하여, 우선 제한적 인증을 요구하되, 향후 실무적 상황 및 해외의 동향을 감안하여, 합리적 인증으로의 향상을 검토할 계획을 밝혔다.[55·56·]

제3절
제도의 평가 및 개선방향

상기와 같이, 일본의 지속가능성 공시 제도는 지금까지 진전되어 온 기업의 정보 공시를 토대로 하여 투자자들이 중시하는 중장기적 기업가치 제고와 관련된 지속가능성 정보 공시를 제도적으로 활성화하고, 기업과 국내외의 투자자와의 의사소통을 강화하는데

[55·] 金融庁, "金融審議会 サステナビリティ情報の開示と保証のあり方に関するワーキング・グループ(第4回) 議事次第", 2024년 10월 10일 事務局説明資料, 32頁, https://www.fsa.go.jp/singi/singi_kinyu/sustainability_disclose_wg/shiryou/20241010/01.pdf(최종접속일: 2024. 10. 13)
[56·] 구체적인 내용은 이 장 제1절 Ⅱ. 4. 일본의 최근 동향을 참고.

그 목적이 있다. 따라서 일본은 법정 공시 서류인 유가증권보고서에 지속가능성 정보를 기재하도록 의무화함으로써 투자자가 필요로 하는 정보인 재무정보와 지속가능성 정보를 통합적으로 제공하고, 기존 법령에서 규정하고 있는 투자자 보호수단이 적용되는 이점이 있다.

다만 법정 공시로 지속가능성 공시 제도를 도입하였을 때, 기업에게 과도한 공시부담이 생긴다면 본래 지속가능성 경영 심화 자체에 투자해야 할 시간을 충분히 확보하지 못하는 상황을 초래할 수 있다는 지적이 존재한다.[57] 금융청도 역시 지속가능성 정보 공시에 대한 허위기재 등의 책임을 물을 수 있다는 점을 우려하여 기업들의 공시자세가 위축될 수 있다는 점을 염두에 두고 자국의 지속가능성 공시 법제도를 정비해나가고 있었다.

그 중 기업의 공시 부담을 경감하는 조치로써 면책조항에 대해 재정비하는 것이 공시·인증 워킹그룹의 과제로 되었고, 우선 장래정보가 사후에 실제와 괴리가 발생한 경우와 '기업의 통제가 미치지 못하는 제3자로부터 취득한 정보 또는 견적에 의한 정보'의 성격을 가지는 Scope3 배출량에 관한 정량적 정보가 사후에 오차가 있다고 판명된 경우에 대해서만 기업의 책임을 면제하는 것으로 방향으로 검토하는 모습을 볼 수 있다.[58]

이외에도 전술한 바와 같이, 지속가능성 정보에 대한 투자자와 이해관계자의 신뢰성을 제고하기 위하여, 공시 법제도에 이어 제3자 인증제도에 대한 도입 논의가 적극적으로 이루어지고 있는데,

---

[57] 加賀谷哲之, 「サステナビリティ開示の拡充とその影響」, 『資本市場』第450号, 2023, 13頁.
[58] 金融庁, 앞의 2024. 10. 10. 자 자료, 15쪽.

향후 금융청의 동향에 따라 그 도입방식 및 구체적인 내용에 대해 검토할 필요가 있을 것이다.

04
중국의 지속가능성 공시 법제도

제1절
중국의 입법례

Ⅰ. 종래의 공시 상황

중국 종래의 지속가능성 정보 공시 상황에 대해 살펴보면, 통일적인 공시기준이 부재하고, 별도로 보고서를 발행하거나 정기보고서에 지속가능성 정보를 기재하는 방식으로 흩어져서 공시되고 있었다.[1] 이하 그 구체적인 내용에 대해 살펴본다.

---

[1] 北京证监局课题组,「关于上市公司环境、社会责任及公司治理(ESG)信息披露的研究」,『财务与会计』第11期, 2021, 25頁.

1. CSR 보고서에 의한 공시

중국은 2005년 회사법의 개정으로 최초로 기업의 사회적 책임 Corporate Social Responsibility: CSR을 도입하였는바, "기업은 정부 및 사회의 감독 하에 사회적 책임을 준수해야 한다"는 내용이 포함되었다.[2] 그 후 2006년 9월, 선전증권거래소 Shenzhen Stock Exchange: SZSE에서는 「상장기업 사회책임 가이드라인 上市公司社会责任指引」을 발표하여, 상장기업에서 자발적으로 CSR보고서를 작성하여 연차보고서와 동시에 대외적으로 공시하도록 격려하였다.[3] 해당 가이드라인이 발표되기 전, 선전증권거래소에서는 CSR보고서를 공시하는 상장기업이 없었고, 연차보고서에 관련 정보를 공시하는 상장기업도 극소수였다.[4] 다만 상술한 정책들의 추동하에 2006년 연차보고서의 공시 시기에 선전증권거래소에서 상장하는 20개 기업이 CSR보고서를 발행하였고,[5] 중국에서 처음으로 대규모적으로 상장기업이 사회책임 정보를 공시하는 국면이 발생하였다.[6] 선전증권거래소의 솔선수범하에, 2008년 5월, 상해증권거래소 SHANGHAI STOCK EXCHANGE: SSE에서도 「상장기업의 사회적책임 부담 사업을 가강하기 위한 <상해증권거래소 상장기업 환경정보 공시 가이드라인>의 통지 关于加强上市公司社会责任承担工作暨发布<上海证券交易所上市公司环境信息披露指引>」를 발표하여 상장기업에서 연차보고서를 발행하는 동시에 본 거래소 사이트에 CSR보

---

[2] 2005년 회사법 제7조.
[3] 深圳证券交易所, 关于发布《深圳证券交易所上市公司社会责任指引》的通知, http://www.szse.cn/disclosure/notice/general/t20060925_499697.html.
[4] 陈政,《上市公司社会责任报告解读与完善建议》, 证券市场导报, 2007年 8月, 30頁.
[5] 2007년 4월 30일까지 통계한 결과에 따르면, 선전증권거래소에서 상장하는 20개 기업이 2006년 CSR보고서를 발행하였고 이는 메인보드 상장기업의 0.41%를 차지하고 있다.
[6] 陈政, 앞의 논문, 28頁.

고서를 발행할 것을 격려하였다.[7] 당시 상해증권거래소도 역시 상장기업의 사회책임 정보에 대해 자발적 공시를 채택하였지만, 화력발전, 강철, 광산개발 등 환경에 큰 영향을 미치는 기업에 대해서는 강제적으로 일부 환경정보를 공시하도록 하였다[8]. 또한 관련 기업들은 증권감독관리위원회China Securities Regulatory Commission: CSRC에서 지정한 사이트 혹은 간행물에 해당 정보들을 공시해야 하고,[9] 요구에 따라 관련 정보를 적시에 또는 정확히 공시하지 않는 경우, 상해증권거래소에서 기업 및 책임임원에 대해 필요한 징계조치를 취할 수 있도록 규정하였다.[10]

현재 CSR보고서는 여전히 중국 상장기업에서 자발적으로 공시하도록 요구되고 있다.

2. 연차보고서에 의한 공시

중국 상장회사의 정보공시 서류는 주로 정기보고서, 임시보고서, 주식모집설명서, 모집설명서, 상장공고서, 인수보고서 등을 포함한다.[11] 지속가능 정보에 대한 요구사항이 기본적으로 정기보고서의 요구사항에 포함된다는 점, 또한 정기보고서 중 연차보고서에 대한 요구사항이 제일 엄격하다는 점을 감안하여, 이 책에서는 연차보고서 중 지속가능 정보에 대한 공시요구에 대해 집중적

---

[7] 华福证券, 关于加强上市公司社会责任承担工作暨发布《上海证券交易所上市公司环境信息披露指引的通知》, https://www.hfzq.com.cn/review_cms_1178afcb-a79c-4eca-ac0a-6319c5157499.shtm
[8] 「상해증권거래소 상장회사 환경정보 공시 가이드라인」 제3조.
[9] 「상해증권거래소 상장회사 환경정보 공시 가이드라인」 제7조.
[10] 「상해증권거래소 상장회사 환경정보 공시 가이드라인」 제8조.
[11] 「상장회사 정보공시 관리방법(上市公司信息披露管理办法)」 제7조.

으로 살펴본다.

(1) 환경과 사회책임 정보

2012년 제18차 당대회 이후, 생태문명은 중국의 지속가능한 발전의 새로운 핵심으로 부상하였다. 생태문명은 ESG의 환경 요소와 밀접히 관련되어 ESG는 중국 정부, 기업 및 시장 투자자들로부터 크게 주목을 받게 되었다. 이런 배경하에 2016년 8월, CSRC, 중국인민은행, 재정부, 국가발전개혁위원회, 전 환경보호부, 전 중국은행감독관리위원회, 전 중국보험감독관리위원회에서 공동으로 '녹색금융 시스템 구축에 관한 지도의견关于构建绿色金融体系的指导意见'을 발표하여 강제적으로 상장기업에서 환경정보를 공시하도록 관련 제도를 건립 및 개선할 것을 제기하였다[12].

동 해 12월, CSRC에서는「증권 공개발행회사의 정보공시 내용 및 격식 준칙 제2호—연차보고서의 내용과 격식公开发行证券的公司信息披露内容与格式准则第2号–年度报告的内容与格式」(이하 '2호 격식 준칙'이라 한다)을 수정하여, 환경보호부서에서 공포한 중점 오염배출단위单位에 속해있는 회사 및 그의 자회사는 관련 법률법규의 규정에 따라 환경정보를 공시할 것을 요구하였다.[13] 2017년 12월, CSRC는「2호 격식 준칙」에 대해 재차 수정하였고, 중점 오염배출단위외의 기타 기업에 대해 강제적으로 일부 환경정보를 공시해야 한다고 규정하지 않았지만, 이에 대해 공시하지 않는 경우에는 그 이유에 대해 충분히 설명해야

---

[12] 中华人民共和国生态环境部, 关于构建绿色金融体系的指导意见, https://www.mee.gov.cn/gkml/hbb/gwy/201611/t20161124_368163.htm.
[13] 「증권 공개발행 회사의 정보공시 내용 및 격식 준칙 제2호—연차보고서의 내용과 격식 (2016년 수정)」제42조.

한다고 규정하였다.[14] 그 후 2018년 9월, CSRC는「상장회사 지배구조 준칙上市公司治理准则」의 개정으로, 상장기업은 법률법규 및 관련 부서의 요구에 따라 환경정보, 빈곤층에 대한 부조 등 사회적 책임을 이행해야 한다고 명확히 하였다.[15]

현재 중국은 중점 오염단위에 속해있는 상장회사 및 이의 주요 자회사에 대해 환경정보 공시를 강제적으로 요구하고 있고 기타 상장회사에 대해서는 '준수 아니면 설명'의 방식으로 환경정보의 공시를 진행하고 있다. 이와 달리, 사회책임 정보는 자발적 공시의 범주에 속하고 상술한 요구에서 제기된 구체적인 지표에 대해 정리를 해보면 다음과 같다:

1) 환경정보(강제 공시)

중점 오염단위에 속해있는 상장회사는 ① 오염배출정보(주요 오염물 및 특정 오염물의 명칭, 배출방식, 배출수량 및 배출구의 분배상황, 배출농도 및 총량, 규정된 표준을 초과하여 배출한 상황, 오염물 배출표준, 예정된 배출총량을 포함하지만 이에 국한하지 않는다) ② 오염방지조치의 건설 및 운행상황 ③ 건설사항에 대한 환경영향평가 및 기타 환경보호 행정허가 상황 ④ 돌발적인 사건에 대한 긴급대처 ⑤ 환경을 자체적으로 감시·측정하는 방안 ⑥보고기간 내에 환경문제로 인해 행정처벌을 받은 상황 ⑦ 기타 응당 공시해야 하는 환경정보에 대해 공시해야 한다.[16]

---

[14] 「증권 공개발행 회사의 정보공시 내용 및 격식 준칙 제2호―연차보고서의 내용과 격식 (2017년 수정)」제44조.
[15] 「상장회사 지배구조 준칙」제95조.
[16] 「증권 공개발행 회사의 정보공시 내용 및 격식 준칙 제2호―연차보고서의 내용과 격식 (2021년 수정)」제41조.

2) 환경정보(자발적 공시)

상장회사는 자발적으로 생태보호, 오염방지, 환경책임 이행에 유리한 정보를 공시할 수 있다. 환경정보검사기구, 인증기구, 평가기구, 지수회사 등 제3자 기관에서 상장회사의 환경정보에 대해 검사, 인증, 평가행위가 존재하는 경우, 해당 상장회사에서 이와 관련된 정보를 공시하도록 격려해야 한다. 또한, CSRC는 상장회사가 보고기간 내에 탄소배출 감소를 위해 취한 조치 및 그 효과를 자발적으로 공시할 것을 격려하고 있다.[17]

3) 사회책임 정보(자발적 공시)

CSRC는 상장회사가 사회적 책임을 이행하는 상황(예컨대 회사에서 사회적 책임을 이행하는 취지와 이념, 주주와 채권자 권익 보호, 직원권익 보호, 공급처·고객 및 소비자 권익보호, 환경보호 및 지속가능한 발전, 공공관계, 사회공익 사업 등을 포함하지만 이에 국한되지 않는다), 보고기간 내 빈곤층 부조, 농촌진흥 등 사업의 구체적인 상황에 대해 자발적으로 공시하도록 격려하고 있다.[18]

(2) 기업지배구조 정보

기업 지배구조 정보는 예로부터 중국 상장기업 정보공시의 주요내용이었는바, 일찍이 1993년의 「주식발행 및 거래 관리 잠행조례(股票发行与交易管理暂行条例)」에 상장기업에서 연차보고서를 발행 시 이사, 감사와 고급관리임원의 정황, 지분 소유상황 및 보수 등 지배구조 관련 사항에 대해 공시하도록 요구하였다.[19]

---

[17] 「증권 공개발행 회사의 정보공시 내용 및 격식 준칙 제2호—연차보고서의 내용과 격식 (2021년 수정)」 제41조.
[18] 「증권 공개발행 회사의 정보공시 내용 및 격식 준칙 제2호—연차보고서의 내용과 격식 (2021년 수정)」 제42조, 제43조.

현재 「2호 격식준칙」, 「상장회사 정보공시 관리방법上市公司信息披露管理办法」 등 방법에서는 독립적인 장章을 설치하여 상장회사가 연차보고서에 회사의 지배구조 상황을 공시할 것을 명확히 하였는데, 관련 요구에서 제기된 구체적인 지표에 대해 정리를 해보면 다음과 같다.

<표 8> 중국 연차보고서 중 회사지배구조에 관한 지표

공시 사항	구체적인 내용
회사 지배구조의 기본상황	회사 지배구조의 실제상황이 법률, 행정법규, CSRC가 상장회사의 지배구조에 대한 규정과 비교 시 중대한 차이가 존재하는 지 여부, 중대한 차이가 존재한다면 구체적인 상황과 이유에 대해 설명.
보고기간 내 소집된 주주총회, 임시주주총회의 상황	소집일자 및 회의결의 등 내용을 포함.
보고기간 내 이사의 직책수행 상황	이사가 이사회에 출석한 횟수, 방식, 이의를 제기한 관련 사항 및 이의의 내용, 주주총회에 출석한 횟수 등을 포함.
감사위원회 관련 사항	감사위원회가 보고기간 내의 감독활동을 통해 회사가 리스크가 존재한다고 판단한 경우, 회사는 감사위원회의 의견에 따라 감사위원회 회의 소집일자, 참석한 감사인원 등 정보에 대해 공시해야 함.

중국 종래의 지속가능 정보공시 상황을 살펴보면, 통일적인 공시기준이 부재하고 자발적 공시를 위주로 함으로써 수량과 질에서 모두 낙관적인 상황을 이루지 못하였다.

---

19 · 「주식발행 및 거래 관리 잠행조례」 59조.

Ⅱ. 중국의 제도 정비과정

2022년 11월, 중국 증권감독관리위원회는 「상장회사의 질을 제고할 것에 관한 3년 행동 추진방안(2022~2025)[推动提高市场公司质量三年行动方案]」을 발표하여, 사용자의 입장에서 정기보고서의 논리구조를 정리함으로써 지속가능한 정보공시의 유효성을 제고하고, 중국의 실제상황에 입각한 지속가능한 정보공시 제도를 수립할 것을 계획하였다.[20] 그 후 2023년 9월, 중국 상해·선전·북경 증권거래소는 CSRC의 지도하에 상장기업을 대상으로 하는 지속가능성 공시 보고서를 개발 중이라고 발표하였는데[21], 2024년 2월 8일, 곧 「상장회사 자율감독관리 가이드라인—지속가능성 보고(시범시행)(의견수렴안)」을 공포하였다. 동해 4월 12일, 중국 각 증권거래소에서는 각각 가이드라인(이하, 문맥에 따라 각 지역의 "가이드라인")을 발표하였고 집행범위와 제정근거 중 인용한 상장규칙이 차이가 있는 점을 제외하고 기타 구체적인 내용은 기본적으로 일치하다.

그러던 중, IFRS 도입에 부정적이던 중국은 2024년 5월 27일에 IFRS S1을 토대로 제정된 「기업 지속가능성 공시 준칙 - 기본준칙(의견수렴안)」(이하 '기업 공시준칙')을 발표하였고,[22] 해당 준칙의 제정과 의견수렴은 중화인민공화국 재정부 Ministry of Finance of the People's Republic of

---

[20] 中国证券监督管理委员会, 深圳证监局上市公司监管通讯,
http://www.csrc.gov.cn/shenzhen/c101531/c7150370/7150370/files/深圳证监局上市公司监管通讯(2023年第1期).pdf.

[21] 中国证券报, 上市公司可持续发展披露规则正在抓紧制定,
https://www.stcn.com/article/detail/971905.html.

[22] 중화인민공화국, 재정부, 「기업 지속가능성 공시준칙 - 기본준칙(의견수렴안)」에 대한 통지, 〈http://kjs.mof.gov.cn/gongzuotongzhi/202405/t20240527_3935674.htm〉, 2024. 05. 27. 일자 자료.

China: 중국 재정부에서 책임을 지고 있다.[23] 이외에도 2027년까지 중국 기업의 지속가능성 및 기후에 대한 공시준칙을 제정하기로 하였고, 2030년까지 국가 차원의 통합기준을 수립한다는 계획을 밝혔다.[24] 구체적으로, 기업 공시준칙의 시행과 관련하여 중국 재정부는 기업에 대한 자발적 공시로부터 강제 공시로, 정성적 요구로부터 정량적 요구로, 상장회사에서 비상장회사로, 대형 기업으로부터 중·소형 기업으로 등 규제방식, 규제 요구, 규제대상을 단계적으로 확대할 예정이다.[25] 다만, 기업 공시준칙도 여전히 기업에 대한 일반적인 요구로서 자발적 공시에 해당하고 이하에는 각 증권거래소의 가이드라인을 중심으로 중국의 현행 지속가능성 공시 제도에 소개하고자 한다.

제2절
현행 지속가능성 공시제도

Ⅰ. 법적근거

중국은 「중화인민공화국 회사법^{中华人民共和国公司法}」, 「중화인민공화국 증권법^{中华人民共和国证券法}」, 「상장회사 정보공시 관리방법」, 「상장회사 지배구조 준칙」 등 법률법규와 각 거래소 규칙[26] 등에 따라 가

---

[23] 중국 재정부는 2022년 12월에 IFRS 재단과 양해각서를 체결하여 중국 북경 사무소를 정식 설립하였다.
[24] 중화인민공화국 재정부, 「기업 지속가능성 공시준칙 - 기본준칙(의견수렴안)」 제정 설명, 〈http://kjs.mof.gov.cn/gongzuotongzhi/202405/P020240527389900448286.pdf〉, 5쪽.
[25] 「기업 지속가능성 공시준칙 - 기본준칙(의견수렴안)」 제3조.

이드라인을 작성하였고,[27] 그 구체적인 근거조문에 대해서는 제시하지 않고 있다.

Ⅱ. 대상기업 및 일정

본 가이드라인은 2024년 5월 1일부터 정식 시행되었고, 중국 각 증권거래소 별 공시 대상기업은 다음과 같다.[28]

〈표 9〉 중국 각 증권거래소 별 공시 대상기업

중국 각 증권거래소 별 공시 대상기업		
상해	• 상해 180(SSE 180) 지수 포함 기업 • 과창판 50(STAR 50) 지수 포함 기업 • 경내외에서 동시 상장하는 기업	의무 공시
	그 외 상장기업(타 거래소 동시 상장기업 제외)	자발적 공시
선전	• 선전 100(SSZE 100) 지수 포함 기업 • 창업판(ChiNext) 지수 포함 기업	의무 공시
	그 외 상장기업(타 거래소 동시 상장기업 제외)	자발적 공시
북경	전체 상장기업	자발적 공시

---

[26] 상해증권거래소의 경우, 상술한 법령 외에「상해증권거래소 주식 상장규칙」과「상해증권거래소 과창판 주식 상장규칙」등 거래소 규칙에 의거하였고; 선전증권거래소의 경우, 상술한 법령 외에「선전증권거래소 주식상장규칙」과「선전증권거래소 과창판 주식 상장규칙」등 거래소 규칙에 의거하였으며; 북경증권거래소의 경우, 상술한 법령 외에「북경증권거래소 주식 상장규칙」에 의거하였다.
[27] 上海证券交易所,《上海证券交易所上市公司自律监管指引第14号—可持续发展报告(试行)》第1条; 深圳证券交易所,《深圳证券交易所上市公司自律监管指引第17号-可持续发展报告(试行)》第1条; 北京证券交易所,《北京证券交易所上市公司自律监管指引第17号-可持续发展报告(试行)》第1条.
[28] 上海证券交易所,《上海证券交易所上市公司自律监管指引第14号—可持续发展报告(试行)》第3条; 深圳证券交易所,《深圳证券交易所上市公司自律监管指引第17号-可持续发展报告(试行)》第3条; 北京证券交易所,《北京证券交易所上市公司自律监管指引第17号-可持续发展报告(试行)》第3条.

해당 가이드라인에 따라 지속가능성 보고서를 공시해야 하는 상장기업은 2026년 4월 30일전, 2025년도의 지속가능성 보고서를 공시해야 하고 각 증권거래소에서는 각 상장기업이 가이드인의 관련 요구에 따라 2024년도의 지속가능성 보고서를 공시하는 것을 독려한다.[29]

Ⅲ. 공시 대상 정보

해당 가이드라인은 재무적 중요성 및 영향 중요성을 동시에 충족하는 지속가능성 관련 의제에 대하여 ①거버넌스, ②전략, ③임팩트, 위험 및 기회 관리, ④지표 및 목표 관련 정보 공시를 요구하였다.[30]

<표 10> 중국 가이드라인 상 지속가능성 관련 의제

핵심요소	설명
거버넌스	기업이 지속가능발전 관련 임팩트, 위험 및 기회를 관리 및 감독하기 위한 거버넌스 구조 및 내부제도
전략	기업이 지속가능 발전 관련 임팩트, 위험 및 기회에 대응하는 전략, 책략 및 방법

---

[29] 上海证券交易所,《上海证券交易所上市公司自律监管指引第14号—可持续发展报告(试行)》第63条; 深圳证券交易所,《深圳证券交易所上市公司自律监管指引第17号-可持续发展报告(试行)》第63条; 北京证券交易所,《北京证券交易所上市公司自律监管指引第17号-可持续发展报告(试行)》第63条.

[30] 上海证券交易所,《上海证券交易所上市公司自律监管指引第14号—可持续发展报告(试行)》第11条; 深圳证券交易所,《深圳证券交易所上市公司自律监管指引第17号-可持续发展报告(试行)》第11条; 北京证券交易所,《北京证券交易所上市公司自律监管指引第17号-可持续发展报告(试行)》第11条.

임팩트, 위험 및 기회 관리	지속가능발전 관련 임팩트, 위험 및 기회를 식별, 평가, 감독 및 관리하기 위한 기업의 조치 및 프로세스
지표 및 목표	기업이 지속가능발전 관련 임팩트, 위험 및 기회를 측정, 관리, 감독 및 평가하기 위해 사용하는 지표 및 목표

〈표 11〉 중국 가이드라인 상 지속가능성 관련 주제

유형	번호	의제	대응 조항
환경	1	기후 변화에 대응	제21~28조
	2	오염물 배출	제30조
	3	폐기물 처리	제31조
	4	생태시스템과 생물다양성 보호	제32조
	5	환경 컴플라이언스 관리	제33조
	6	에네르기 이용	제35조
	7	물자원 이용	제36조
	8	순환경제	제37조
사회	9	농촌 진흥	제39조
	10	사회 공헌	제40조
	11	혁신 추동	제42조
	12	과학기술 논리	제43조
	13	공급체인 안전	제45조
	14	평등하게 중소기업에 대접	제46조
	15	제품과 서비스 안전과 질량	제47조
	16	데이터 안전과 고객 프라이버시 보호	제48조
	17	직원	제50조
지속가능 발전 관련 지배구조	18	실사	제52조
	19	이해관계자와의 소통	제53조
	20	반 뇌물수수 및 횡령	제55조
	21	반부정당경쟁	제56조

중국은 다음과 같이 온실가스 배출량 및 감축량에 대한 정보공시를 요구하고 있다.

〈표 12〉 중국 가이드라인 상 온실가스 배출량과 감축량에 대한 공시 요구

구분	공시 요구사항
온실가스 배출량	• 스코프 1 및 2 온실가스 배출량 (의무공시) • 스코프 3 배출량(자발적 공시) ('여건이 되는 기업공시 가능") • (측정방법) 측정에 사용된 기준, 방법론 및 가정
온실가스 감축량	• 감축 메커니즘 관련 정보, 감축 목표, 감축 조치 및 성과 등 • 중국 자발적 탄소시장(CCER) 참여 및 거래 현황 • (존재 시) 기타 감축 메커니즘 참여 및 거래 현황 • 탄소배출량 감축에 유용한 새로운 기술, 상품, 서비스 개발 현황 (투입 연구비, 심사/허가 취득 여부, 대규모 생산 능력 보유 여부, 수주 현황 등)

Ⅳ. 중요성 기준

해당 가이드라인은 이중 중요성기준을 채택하였는데, 주로 '재무 중요성'과 '영향 중요성'으로 구분된다. 구체적으로 '재무 중요성'은 가이드라인에서 설치한 의제 중 매개 의제가 단기, 중기 및 장기적으로 회사 비즈니스 모델, 업무운영, 발전전략, 재무상황, 경영성과, 현금흐름, 융자방식과 성본 등에 중대한 영향을 미치는 경우를 가리키고, '영향 중요성'은 기업이 상응한 의제에 있어서 경제, 사회, 환경에 중대한 영향을 미치는 경우를 가리킨다.[31]

---

[31] 上海证券交易所,《上海证券交易所上市公司自律监管指引第14号—可持续发展报告(试行)》第5条; 深圳证券交易所, 《深圳证券交易所上市公司自律监管指引第17号-可持续发展报告(试行)》第5条; 北京证券交易所,《北京证券交易所上市公司自律监管指引第17号-可持续发展报告(试行)》第5条.

Ⅴ. 공시의 위치

중국은 거래소 공시를 채택하였고 지속가능성 정보를 별도의 보고서에 공시하도록 요구하고 있다. 구체적으로 공시주체는 매 개 회계연도 종료 후 4개월 이내에 가이드라인에 따라 별도로 지속가능성 보고서를 작성하여 이사회의 심의를 거쳐 공시하도록 요구되고 있다. 또한 지속가능성 보고서의 공시는 연차보고서보다 우선되어서는 아니 되고, 지속가능성 보고서의 보고주체와 보고기간은 연차보고서와 일치해야 한다.[32]

Ⅵ. 위반 및 허위공시 시의 법적책임

공시주체가 본 가이드라인의 규정을 위반하는 경우, 거래소에 의한 자율감독관리 조치 혹은 규율처분을 받을 수 있다.[33] 자율감독관리 조치라 함은 경고, 감독관리 담화,[34] 시정 요구, 검사·의견발표 요청, 교육 참가 요구, 임원교체 건의, 상장 중지 등을 가리키고,[35] 규율처분이라 함은 통보 비평,[36] 공개 비판, 거래참여자

---

[32] 深圳证券交易所,《深圳证券交易所上市公司自律监管指引第17号—可持续发展报告(试行)》第4条; 深圳证券交易所,《深圳证券交易所上市公司自律监管指引第17号-可持续发展报告(试行)》第4条; 北京证券交易所,《北京证券交易所上市公司自律监管指引第17号-可持续发展报告(试行)》第4条.

[33] 上海证券交易所,《上海证券交易所上市公司自律监管指引第14号—可持续发展报告(试行)》第61条; 深圳证券交易所,《深圳证券交易所上市公司自律监管指引第17号-可持续发展报告(试行)》第61条; 北京证券交易所,《北京证券交易所上市公司自律监管指引第17号-可持续发展报告(试行)》第61条.

[34] 감독관리 대상이 지정된 시간과 장소에서 관련 규정위반 행위에 대해 질의과 훈계를 받고, 이에 대한 해석설명을 하며 적시에 조치를 취하여 구제, 시정 혹은 예방하도록 요구하는 것을 말한다.

· 회원자격 취소, 투자자 계좌거래 제한, 징벌적 위약금 수취 등을 가리킨다.[37]

Ⅶ. 면책조항

본 가이드라인은 지속가능성 보고서를 공시함에 있어서 재무적 영향, 온실가스 배출량 감소 목표 등 추정이 필요한 정보 혹은 예측 정보에 대해 3가지 구체적인 요구사항을 명시하였다. 즉 ① 합리적인 기본가설과 전제에 기초하여야 하고, ② 추정 정확성 혹은 예측 실현에 영향 줄 수 있는 중요한 요소에 대해 리스크를 충분히 제시하여야 하며, ③ 기본가설과 전제에 중대한 변화가 있는 경우, 적시에 공시해야 한다는 것이다.

이외에도 중국 최고인민법원의 관련 사법해석에 의하면, 공시주체는 이하 3개 조건을 동시에 만족해야만 세이프 하버 원칙을 원용하여 책임을 면제할 수 있다. 즉 ① 예측의 실현에 영향을 미치는 중요한 요소에 대해 충분한 리스크 제시가 있어야 하고, ② 예측 정보가 의거한 기본가설, 적용된 회계정책 등이 합리적이어야 하며, ③ 예측 정보가 의거한 전제에 중요한 변화가 발생하는 경우, 적시에 시정의무를 이행해야 하는 것이다.[38]

따라서 가이드라인 상 예측 정보와 관련 요구가 사법해석과 근

---

[35] 上海证券交易所,《上海证券交易所纪律处分和监管措施实施办法》第9条.
[36] 일정한 범위 내에서 중국 증권감독관리위원회의 규정 조건에 부합된 매체 혹은 기타 공개 방식으로 감독관리 대상에 대해 비평하는 것이다.
[37] 上海证券交易所,《上海证券交易所纪律处分和监管措施实施办法》第8条.
[38] 《最高人民法院关于审理证券市场虚假陈述侵权民事赔偿案件的若干规定》第6条.

본적으로 일치한 점을 고려하여, 공시 의무자가 해당 기본 요구 중 어느 하나를 충족하지 못하게 되면 세이프 하버 원칙을 원용하여 면책을 주장할 수 없게 되고 법률책임을 부담하게 될 것으로 상정된다.

Ⅷ. 제3자 인증

중국 각 거래소에서는 아직 지속가능성 보고서에 대한 제3자 인증을 강제하고 있지 않다. 다만 공시주체가 제3자 기관을 요청하여 인증을 진행하는 경우, 해당 기관의 독립성 상황, 공시주체와의 관계, 경험, 자질, 인증 보고서를 공시할 것을 요구한다. 또한 보고서의 내용은 인증의 범위, 의거 기준, 주요 절차, 방법, 국한성, 의견 혹은 결론을 포함해야 하지만 이에 국한되지 않는다.[39]

제3절
제도의 평가 및 개선방향

상기 중국의 지속가능성 공시 법제도 및 실제운영상황을 살펴볼 때, 제도 도입 초반에는 각 증권거래소에서 TCFD 공시방법에

---

[39] 上海证券交易所,《上海证券交易所上市公司自律监管指引第14号—可持续发展报告(试行)》第58条; 深圳证券交易所,《深圳证券交易所上市公司自律监管指引第17号-可持续发展报告(试行)》第58条; 北京证券交易所,《北京证券交易所上市公司自律监管指引第17号-可持续发展报告(试行)》第58条.

기초하여 관련 가이드라인을 제정하였지만, 후반에는 재정부에서 ISBB 공시 기준을 토대로 2027년까지 기업의 지속가능성 및 기후공시에 대한 기본 원칙을 제정하여 자율공시로부터 강제공시로 상향하는 모습을 볼 수 있다. 중국의 지속가능성 발전은 상대적으로 낙후하다는 점을 고려하여, 아직 공시 제도상 많은 문제점이 존재하는데, 이하 중국의 실정에 따라 그 개선방향을 제시한다.

Ⅰ. 의무공시 범위의 확대

2024년 6월 10일까지 통계한 바에 의하면, 중국 A주 시장에서 상장하는 총 5362개 기업 중에서 2090개 기업이 지속가능성 보고서를 발행하였고, 그 공시율은 38.9%에 불과하다.[40] 그 중에서도 상해 증권거래소에서 상장하는 기업이 지속가능성 보고서의 공시에 관하여 제일 적극적인 모습을 보여 공시율은 약 50%에 달하고, 2021년에 개설된 북경 증권거래소의 공시율은 3대 증권거래소에서 제일 낮은 2.8%를 기록하여 기업들의 적극성이 높지 않는 것으로 확인되었다.

표 18 〈표 13〉 중국 A주 시장의 지속가능성 보고서 공시율

증권거래소	기업 수량	지속가능성 보고서 수량	공시율
상해	2268	1135	50.0%

---

[40] 商道咨询, "2024中国上市公司ESG信息披露分析与展望报告-A股(沪深北交易所)", 2024년 7월, 7頁.

선전	2846	948	33.3%
북경	248	7	2.8%

앞서 중국의 입법례를 살펴보았을 때, 중국은 줄곧 지속가능성 정보의 공시에 대하여 격려의 방식으로 자율공시를 위주로 행하여 왔고, 다만 그 효과는 상술한 표와 같이 이상적이지 못한 모습을 보아낼 수 있다. 그 원인은 자율공시를 위주로 하여, 강제성이 부족한 점에 있다고 봐야 할 것이다. 따라서 중국 국내에도 자율공시로 계속 추진해야 한다는 견해와 강제공시로 상향해야 한다는 견해가 엇갈리고 있는데, 이하 구체적으로 설명한다.

우선 자율공시로 지속가능성 정보 공시를 진행해야 한다는 견해는, 자율공시는 공시주체인 상장기업에게 기업의 상황, 소속 산업의 상황 등 실제정황에 따라 정보 공시를 선택할 수 있도록 자유재량권을 부여하므로 회사의 영리성과 사회성을 균형감 있게 조절할 수 있는 이점이 있다고 한다.[41] 또한 지속가능성 정보에 대한 과도한 공시는 기업에게 부담을 조성할 수 있다는 점을 그 이유로 열거하고 있다.

자율공시의 문제점을 지적하고 있는 견해로는, "지속가능성 정보를 공시한 기업은 투자자에게 소통을 강화하려는 신호를 보낸 것으로 간주되므로, 따라서 지속가능성 정보에 대해 공시하지 아니한 기업은 투자자의 신뢰를 잃게 된다"는 이론을 주장하면서 지속가능성 정보의 공시에 있어서는 시장의 자기조정에 의거해서는

---

[41] 李燕, 肖泽钰, 「强制与自愿二元定位下《证券法》ESG信息披露制度的体系完善」, 『重庆大学学报(社会科学版)』第30卷 第2期, 2024, 198頁.

안 된다고 한다.[42] 나아가 강제공시로 지속가능성 정보 공시를 진행하는 것이 투자자의 수요를 충족시킬 수 있는 적합한 방안이라고 제시하고 있다. 다만, 강제공시로 지속가능성 정보 공시를 진행하는 경우, 융통성이 부족하고 공시된 정보가 단일한 문제점이 존재한다.[43]

이러한 자율공시와 강제공시의 제한성을 감안하여, 중국 홍콩에서는 "준수 또는 설명"의 방식으로 지속가능성 정보 공시를 진행하여왔는데, 2012년 홍콩증권거래소에서는 「환경, 사회, 지배구조 보고 가이드라인」을 자율공시 방식으로 도입하였지만, 2016년에는 해당 가이드라인을 상장규정 부록 제27번으로 편입하고, "준수 또는 설명" 방식으로 의무화한 바 있다. 현재 중국 대부분 상장기업들은 지속가능성 정보에 대해 자율적으로 공시하고 있다는 상황을 고려하면, 홍콩의 입법례에 따라 우선 '준수 또는 설명'의 방식을 취하되, 향후 강제공시로 단계적으로 상향하는 것이 현실에 부합되는 방안이라고 생각된다.

Ⅱ. 면책조항의 재정비

'세이프 하버' 제도의 입법목적은 합법적인 예측이 이루어지지 않는 경우, 공시 의무자가 직면하게 될 소송의 위험을 효과적으로 통제하기 위함이다. 다만 현행 3개 조건에 대해 "동시에 만족"을 요

---

[42] [英] 艾利斯·费伦,「公司金融法律原理」, 北京大学出版社, 2012, 432頁.
[43] 李燕, 肖泽钰, 앞의 논문, 198쪽.

구하는 것은 너무 엄격하여 해당 면책조항 본래의 목적을 체현하기 어려운 것으로 생각된다. 또한 지속가능성 정보에 대한 공시와 관련하여 주관 상으로 고의적인지 여부에 대해 중점적으로 고려할 필요가 있으며, 이에 면책조항에 대한 재정비가 필요할 것이다.

Ⅲ. 제3자 인증의 의무화

앞서 서술한 바와 같이, 중국 국내 각 증권거래소에서는 아직 지속가능성 보고서에 대한 제3자 인증을 요구하지 않고 있다. 지속가능성 보고서에 대한 투자자의 신뢰성을 확보하기 위해서는 제3자 인증을 의무화하는 것이 바람직하며, 이에 중국 상장회사와 인증서비스를 제공하는 시장의 상황에 비추어 법제도를 수립하는 것이 적절하다.

구체적으로, 중국 상장회사가 지속가능성 정보에 대한 공시를 늦게 시작했다는 점을 고려하여, 우선 상장회사에 대해 자발적으로 제3자 인증을 진행하도록 하되, 향후 점차적으로 강제적 인증으로 과도하는 방안을 생각해볼 수 있다. 또한 그 인증범위와 관련하여, 현재 자발적으로 인증한 기업 중에서 대부분이 부분 정보에 대해서만 제3자 인증을 진행하고 있는 상황이 존재하여 부동한 기업에서 부동한 정보에 대해 제3자 인증을 진행하는 것이 투자자와 이해관계자의 투자판단에 혼란을 조성하고 있다.[44] 따라서 이러한 문제를 해결하기 위해 인증대상을 통일적으로 규정할 필요가

---

[44] 王鵬程,「可持续信息鉴证制度：发展趋势与顶层设计」,『学术研究』第七期, 2024, 66頁.

있고, 의무화 초기에는 중요한 지표에 대해서만 제3자 인증을 요구하되, 점차적으로 지속가능성 보고서 전반에 대한 인증으로 확대할 필요가 있다고 본다. 인증수준과 관련하여서는 제한적 확신으로부터 합리적 확신으로 상향하는 방안을 고려해볼 수 있다.

05
대만의 지속가능성 공시 법제도

제1절
대만의 입법례

   대만은 FSC에서 발표한 로드맵을 주축으로, 대만 증권거래소와 그레타이 매매센터에서 관련 규정을 수정하는 형식으로 지속가능성 공시 법제도의 수립을 추진하고 있다.

   2010년(민국 99), 대만 증권거래소와 그레타이 매매센터에서는 공동으로 「상장·상궤회사의 성실경영수칙上市上櫃公司誠信經營守則」과 「상장·상궤회사의 사회적 책임 실무수칙上市上櫃公司企業社會責任實務守則」을 발표하여 기업의 사회적 책임을 추동하였다. 다만 상술한 수칙들은 이미 시대에 뒤떨어졌다는 혹평을 받았고 '불량 식용유' 등 식품 안전사고 날로 빈번해지면서 FSC는 「2013년 회사 지배구조를 강화함에 있어서의 로드맵2013 強化我國公司治理藍圖」을 발표하여 이에 대한 재검토와 수정을 진행하였다.[1] 또한 종래 대만 기업은 지속가능성 정보를 연차보고서에 공시하였지만, 이러한 공시는 형식에만 머무르고 공시된 정보가 매우 간략하다는 지적이 있어 연차보고서 및 관련 규정에 대해서도 수정하여 상장·상궤회사가 공시해야 하는 사회적 책임 및 성실경영의 구체적 항목을 증가할 것을 계획하였다.[2]

이를 바탕으로, 2014년^(민국 103) 대만 증권거래소는 「대만 증권거래소 주식회사 영업세칙^{臺灣證券交易所股份有限公司營業細則}」(이하 '영업세칙') 제47조 제3항[3]에 의거하여 「상장회사에서 기업의 CSR보고서를 작성 및 신고함에 있어서의 작업방법^{上市公司編製與申報企業社會責任報告書作業辦法}」을 제정하였고, 동시에 그레타이 매매센터에서도 「재단법인 중화민국 증권 그레타이 매매센터 증권상 영업소에서 유가증권을 매매함에 있어서의 업무세칙^{財團法人中華民國證券櫃檯買賣中心證券商營業處所買賣有價證券業務規則}」(이하 '업무세칙') 제11조 제1항 제8호[4]에 의거하여 「상궤회사에 기업의 CSR보고서를 작성함에 있어서의 작업방법^{上櫃公司編製與申企業社會責任報告書作業辦法}」을 제정하였다. 즉 해당 시기에는 상술한 작업방법들에 부합되는 일부 상장·상궤회사[5]에 대해서만 CSR보고서를 작성, 공시

---

[1] 金管會, "2013強化我國公司治理藍圖", 2013年 12月 26日, 27頁, https://www.fsc.gov.tw/fckdowndoc?file=/2013強化我國公司治理藍圖(1).pdf&flag=doc (최종접속일: 2024.10.07.)
[2] 金管會, 위의 로드맵, 29頁.
[3] 대만 증권거래소 영업세칙 제47조 제3항.
 본 회사에서는 상장회사의 규모, 업무적 성질 및 기타 필요한 상황에 따라, 기업의 사회책임보고서를 작성할 것을 요구해야 하고 본 회사에서 지정한 인터넷 정보 신고 시스템에 신고해야 한다. 구체적인 사항은 이의 작업 방법에서 별도로 규정한다.
[4] 주식의 발행인은 규정된 시간 내에 이하의 자료를 송부하여야 한다: 8. 본 센터는 상궤회사의 규모, 업무의 성질 및 기타 필요한 정황에 따라 기업의 사회책임보고서를 작성할 것을 요구하여야 하고 본 센터에서 지정한 인터넷 정보 신고 시스템에 신고해야 한다. 구체적인 사항은 이의 작업 방법에서 별도로 규정한다.
[5] 대만 증권거래소와 그레타이 매매센터에서 제정한 방법 중 적용대상의 범위는 일치한 바, 다음과 같다.
 「상장회사 산업별 획분 및 조정 요점(上市公司產業類別劃分暨調整要點)」과 「그레타이 회사 산업별 획분 및 조정 요점(上櫃公司產業類別劃分暨調整要點)」식품 공업, 화학 공업 및 금융보험업에 종사하는 업자.
 증권거래법 제36조의 규정에 따라 최근 회계연도의 재무보고서를 제출하였고, 요식업 수

및 신고할 것이 요구되었고 상술한 규정도 대만 상장·상궤회사의 CSR보고서 공시를 규범화하는 초석으로 되었다.[6・]

2020년(민국 109), ESG에 대한 사회적 관심이 커짐[7・]에 따라 SFC도 「회사 지배구조 3.0 지속가능성 발전 로드맵公司治理3.0-永續發展藍圖」, 「상장·상궤회사 지속가능성 발전 로드맵上市櫃公司永續發展路徑圖」 등 일련의 정책을 발표하여 기업의 지속가능성 정보 공시를 강화하였다. 대만 증권거래소와 그레타이 매매센터도 회사 지배구조 3.0 로드맵에 따라 전술한 실무수칙 및 작업방법들을 각각 「상장·상궤회사 지속가능성 발전 실무수칙上市上櫃永續發展實務守則」, 「상장회사에서 지속가능성 보고서를 작성 및 신고함에 있어서의 작업방법上市公司編製與申報永續報告書作業辦法」(이하 '상장회사 작업방법'), 「그레타이 회사에서 지속가능성 보고서를 작성 및 신고함에 있어서의 작업방법上櫃公司編製與申報永續報告書作業辦法」(이하 '그레타이 작업방법')으로 개칭하여 기업의 지속가능성 발전을 추구하려는 결심을 보여주고 있다.

따라서 본 절은 대만 SFC에서 발표한 주요 정책들과 이에 따라 개정된 법규의 내용을 살펴봄으로써 거래소 공시로 지속가능성 공시 제도를 도입한 그 배경에 대해 살펴본다.

입이 전체 영업수입의 100분의 50 이상을 차지하는 업자.
증권거래법 제36조의 규정에 따라 최근 회계연도의 재무보고서를 제출하였고, 납입자본금이 100억 위안 이상인 업자.

6・ 상술한 방법들의 내용에는 적용대상 및 범위, 공시 대상 정보, 제3자 인증 등 사항을 포함하고 있다.

7・ 2019년 미국 주요 기업 CEO들의 모임인 비즈니스라운드테이블(Business Roundtable)이 이해관계자들에게 기여할 것과 주주들에게 장기적 가치를 제공할 것을 약속하면서, 전 세계적으로 ESG에 대한 관심이 더 커지게 되었다. Business Roundtable, "Business Roundtable Redefines the Purpose of a Corporation to Promote 'An Economy That Serves All Americans'", 2019.

〈표 14〉 대만 지속가능성 발전과 관련된 주요 정책

순번	발표 연도	정책 명칭
1	2020년	「회사 지배구조 3.0 지속가능성 발전 로드맵」
2	2022년	「상장·상궤회사 지속가능성 발전 로드맵」
3	20233년	「상장·상궤회사 지속가능성 행동 방안」
4	2023년	「IFRS 지속가능성 공시 준칙과 연결함에 있어서의 로드맵」

I. 「회사 지배구조 3.0 지속가능성 발전 로드맵」(2020)

대만 자본시장의 국제적 경쟁력을 제고 하고 기업의 지속가능성 발전을 추진하기 위하여, SFC는 2020년 내지 2023년의 계획을 제시한 「회사 지배구조 3.0 지속가능성 발전 로드맵」을 발표하였다.[8] 해당 로드맵은 이사회의 기능을 강화, 이해관계자와의 소통을 강화하는 등 다방면의 내용을 담고 있었고, 기업의 지속가능성 정보 공시와 관련된 내용은 이하 4개 조치로 구분할 수 있다.

1. 현재의 'CSR보고서'[9]를 '지속가능성 보고서'로 개칭하고 지속가능성 보고서의 영문본을 공시할 것을 추동한다.
2. 지속가능성 보고서의 공시 주체 범위를 확대한다.
3. 지속가능성에 대한 제3자 인증의 범위를 확대한다.

---

[8] 金管會, "金管會正式啟動「公司治理3.0-永續發展藍圖」", 2020年 8月 25日, https://www.fsc.gov.tw/ch/home.jsp?id=96&parentpath=0,2&mcustomize=news_view.jsp&dataserno=202008250004&dtable=News (최종접속일: 2024.10.10)

[9] 2018년(민국 107년)부터 CSR보고서의 강제발행 의무를 부담한 상장·상궤회사는 GRI 표준에 따라 보고서를 작성할 것이 요구되었다. [金管會, "新版公司治理藍圖(2018~2020)", 2018年 3月 28日, 31頁, https://www.fsc.gov.tw/fckdowndoc?file=/新版公司治理藍圖(2018~2020)20180328(2).pdf&flag=doc (최종접속일: 2024.10.07.)]

4. TCFD 권고안 또는 SASB 기준을 참고하여 지속가능성 보고서의 공시를 강화한다.

지난 3년 동안, 상술한 내용은 상장회사 작업방법과 그레타이 작업방법의 2021년(민국 110) 및 2022년(민국 112) 개정을 통해 명문화되어 계획대로 실행되었다.[10]

Ⅱ. 「상장·상궤회사 지속가능성 발전 로드맵
上市櫃公司永續發展路徑圖」(2022)

2022년 3월 30일, 기후변화에 대응하기 위해 대만 국가발전 위원회 National Development Council는 「2050 탄소중립 로드맵 2050淨零排放路徑」을 발표하였고,[11] 이에 부응하기 위하여 SFC는 「상장·상궤회사 지속가능성 발전 로드맵」을 발표하여 전체 상장·상궤회사가 2027년 전에 온실가스 Scope 1 및 2의 배출량에 대한 측정盤查을 완성하고, 2029년 전에는 이에 대한 인증을 완성하도록 요구하였다.[12] 해당 로드맵은 전체 상장·상궤회사를 적용대상으로 하지만, 우선 강철 및 시멘트 공업에 종사하는 업자, 납입자본금이 신대만폐

---

[10] 金管會, "「公司治理3.0-永續發展藍圖」重要措施及成效", 2023年 12月 31日, https://www.fsc.gov.tw/userfiles/file/112年度-公司治理3_0-永續發展藍圖重要措施與成效.pdf (최종접속일: 2024.10.07.)

[11] 國家發展委員會, "公布2050淨零排放路徑:是永續也是經濟產業政策", 2022.03.30. https://www.ndc.gov.tw/nc_27_35696 (최종접속일: 2024.09.03.)

[12] 金管會, "上市櫃公司永續發展路徑圖", 2022年 3月 3日, 4頁, https://www.sfb.gov.tw/uploaddownfoc?file=news/202203031544210.pdf&filedisplay=新聞稿附件NEW-永續發展路徑圖推動規劃.pdf&flag=doc (최종접속일: 2024.09.03.)

100억 위안 이상에 달하는 자에 대해 2023년부터 적용할 예정이고, 그 후 납입자본금과 산업별로 단계적으로 추동할 계획이다.

상기 내용은 상장회사 작업방법과 상궤회사 작업방법이 2022년에 수정됨에 따라 명문화되었고, 별도로 부록2의 표를 제공하여 상장·상궤회사가 Scope1 및 Scope2 배출량에 대해 공시하도록 하였다.[13]

Ⅲ. 「상장·상궤회사 지속가능성 행동 방안 上市櫃公司永續發展行動方案」(2023)

상술한 두 로드맵의 내용을 바탕으로, SFC는 '지배구조', '투명', '디지털數位', '혁신'을 중심으로 기업의 지속가능성 발전을 도모하는 행동방안을 제기하였다.[14] 그 구체적인 내용을 살펴보면 다음과 같다.

1. 2025년부터 납입자본금이 20억 위안 이하의 상장·상궤회사에 대해 지속가능성 보고서의 공시를 요구하는 것, 즉 2025년부터 모든 상장·상궤회사에서는 지속가능성 보고서를 공시해야 한다.
2. 현재로서는 식품공업, 화학공업 및 금융보험업에서 공시한 지속가능성 지표에 대해서만 제3자 인증을 요구하지만, 향후 모

---

[13] 현재 SFC는 Scope 3 배출량에 대해 그 공시를 격려할 뿐, 강제하지 않는다.
[14] 金管會, "金管會發布「上市櫃公司永續發展行動方案(2023年)」", 2023.03.28. https://www.fsc.gov.tw/ch/home.jsp?id=96&parentpath=0%2C2&mcustomize=news_view.jsp&dataserno=202303280001&dtable=News (최종접속일: 2024.08.28.)

든 산업에서 공시한 지속가능성 지표에 대해 제3자 인증을 진행한다.
3. 2023년, 회계연구발전기금회ACCOUNTING RESEARCH AND DEVELOPMENT FOUNDATION산하에 지속가능성 준칙 위원회를 설립하여 ISSB 공시 기준의 적용에 대해 검토한다.
4. 2025년부터 지속가능성 디지털 플랫폼을 통해 지속가능성 보고서에 대한 공시를 시행함으로써 기업의 부담을 경감한다.[15]

다만 해당 로드맵과 이하 곧 소개되는 로드맵은 아직 그 실행효과에 대해 판단할 수 없으므로 우선 그 내용에 대해서만 간단히 소개한다.

Ⅳ. 「IFRS 지속가능성 공시 준칙과 연결함에 있어서의 로드맵 我國接軌IFRS永續揭露準則藍圖」(2023)

지속가능성 정보의 국제적 비교가능성을 고려하여, 2023년(민국112) 8월, SFC는 2026년 회계연도부터 ISSB 지속가능성 공시기준에 대해 직접 적용adoption하는 계획을 밝혔다.[16] 구체적으로, 2026년

---

[15] 기업에서 신고 시스템을 통해 관련 데이터를 기입하면 곧 지속가능성 보고서를 형성할 수 있으므로 기업의 부담을 경감한 한편, 효율적이고 보고서의 격식 상 통일도 추구할 수 있다. 金管會, "上市櫃公司永續發展行動方案(2023年)", 2023年 3月 8日,
https://www.fsc.gov.tw/uploaddowndoc?file=news/202303290815110.pdf&filedisplay=上市櫃公司永續發展行動方案.pdf&flag=doc (최종접속일: 2024.09.20.)

[16] 金管會, "金管會發布我國接軌國際財務報導準則(IFRS)永續揭露準則藍圖, 持續提升永續資訊報導品質及透明度", 2023年 8月 17日,
https://www.sfb.gov.tw/ch/home.jsp?id=95&parentpath=0,2&mcustomize=multimesssage_view.jsp&dataserno=202308170002&dtable=News (최종접속일: 2024.09.20.)

회계연도에는 자본금이 100억 위안 이상의 상장·상궤회사에 적용하고, 2027년 회계연도에는 자본금이 50억 위안 이상의 상장·상궤회사에 적용하며, 2028년 회계연도에는 기타 모든 상장·상궤회사에 적용할 예정이다.

또한 지속가능성 정보 공시가 자발적인 공시로부터 법정공시로 나아가는 국제적 추세에 따라, SFC는 곧 연차보고서 관련 규정을 수정하여 지속가능성 정보에 관한 장(章)을 신설함으로써 상장·상궤회사의 지속가능성 정보 공시를 규범화하고 재무보고서와 동시에 공시할 것을 계획하고 있다.[17]

제2절
현행 지속가능성 공시제도

CSR보고서의 공시와 관련하여, 최초 SFC는 강제가 아닌 격려의 방식을 취하고 있었다. 다만 "불량 식용유", "가소제" 등 식품 안전 문제가 빈발하면서 SFC는 식품공업, 화학공업, 금융업에 종사하는 업자와 납입자본금이 100억 위안 이상에 달하는 상장·상궤회사에 대해 CSR 보고서를 강제적으로 작성 및 공시할 의무를 부과하였다. 이로 인해 대만 증권거래소와 그레타이 매매센터에서는 해당 정책의 요구에 따라 관련 작업방법들을 제정하였고, 그 목적은 소비자와 공급업체가 기업에 대한 신뢰를 복구하고 기업의 사

---

[17] 金管會, "我國接軌IFRS永續揭露準則藍圖", 2023年 8月 17日, 2頁.
https://www.fsc.gov.tw/uploaddowndoc?file=News/202308171508440.pdf&filedisplay=附件1-我國接軌IFRS永續揭露準則藍圖.pdf&flag=doc (최종접속일: 2024.09.20.)

회적 책임을 추동하려는데 있다.[18] 근년래 SFC의 정책의 추동하에 작업방법은 수차례의 수정을 통해 상기 정책들의 내용을 명문화하였고, 이에 지속가능성 보고서의 작성 및 신고를 위한 전면적인 규제를 형성하고 있다. 상장회사 작업방법과 그레타이 작업방법이 내용상 거의 일치하다는 점을 고려하여, 이하에는 상장회사 작업방법의 내용으로 주로 현행 대만의 지속가능성 공시 제도에 대해 소개한다.

Ⅰ. 법적근거

상장회사의 지속가능성 보고서 작성 및 신고와 관련하여, 대만은 주로 대만증권거래소에서 제정한 작업방법(이하 '본 방법')에 의거한다.

본 방법 제1조에서는 해당 방법의 법원法源이 「대만증권거래소 주식회사 영업세칙臺灣證券交易所股份有限公司營業細則」(이하 '거래소 영업세칙') 제47조 제3항임을 명시하였다.[19] 또한 거래소 영업세칙은 대만 증권거래법 제138조[20]와 「대만증권거래소 주식회사 규정臺灣證券交易所股份有限公司

---

[18] 金管會, "强制上市上櫃特定公司編製企業社會責任報告書", 2014.9.18.
https://www.fsc.gov.tw/ch/home.jsp?id=96&parentpath=0,2&mcustomize=news_view.jsp&dataserno=201409180005&toolsflag=Y&dtable=News(최종접속일: 2024.09.20.)

[19] 「상장회사에서 지속가능성 보고서를 작성 및 신고함에 있어서의 작업방법」 제1조.
본 작업방법은 본 회사 영업세칙 제47조 제3항의 규정에 따라 제정되었다.

[20] 대만 증권거래법 제138조.
제1항 증권거래소는 각 항 준칙에 대해 별도로 규정하는 외에, 이의 업무규칙 혹은 영업세칙에 이하 사항을 상세히 규정해야 한다. ① 유가증권의 상장 ② 유가증권 집중거래시장의 사용 ③ 증권중개상 또는 증권자영상의 매매수탁 ④ 시장집회의 개폐와 정지 ⑤ 매매종류; ⑥ 증권자영상 또는 증권거래상 간에 진행하는 유가증권 매매절차 및 매매계약 성립방법 ⑦ 매매기관 ⑧ 가격 조절기관 및 폭 ⑨ 결산 및 결제일자 및 방법 ⑩ 유가증권 매매의 위탁수량, 가격, 중지 성립 정황 등 거래 정보의 즉시 노출 ⑪ 그 밖의 매매와 관련된 사항.
제2항 전항 각 관의 규정은 법령의 규정을 위반하여서는 아니 된다. 증권상의 이익과 관련

章程」(이하 '거래소 규정') 제36조[21]·에 의해 규정되었으므로,[22]· 그 법적 근거는 대만 증권거래법 제138조와 거래소 규정 제36조에 의거해야 한다.

Ⅱ. 대상기업 및 일정

현재 대만증권거래소는 "식품공업, 화학공업 및 금융보험업에 종사하는 업자", "요식 수입이 전체 영업수입의 100분의 50 이상을 차지하는 업자", "납입자본금이 신대만폐 20억 위안 이상인 업자"에 해당하는 상장회사에 대해 본 방법에 따라 지속가능성 보고서의 중문본을 작성 및 신고할 것을 요구하고 있다. 다만 납입자본금이 신대만폐 20억 위안에 미달하는 상장회사는 2025년(민국 114)부터 지속가능성 보고서의 중문본을 작성 및 신고할 것이 요구되었다.[23]·

된 사항은 마땅히 증권상동업노동조합의 의견을 청취하여야 한다.
21· 「대만증권거래소 주식회사 규정」 제36조.
본 회사 거래소의 영업사항은 별도로 영업세칙으로 그 내용을 정한다.
22· 「대만증권거래소 주식회사 영업세칙」 제1조.
본 영업세칙은 증권거래법 제138조 및 본 회사 규정 제36조에 의해 제정되었다.
23· 「상장회사에서 지속가능성 보고서를 작성 및 신고함에 있어서의 작업방법」 제2조.
다음 상황 중 하나에 해당하는 상장회사는 본 작업방법의 규정에 따라 지속가능성 보고서의 중문본을 작성 및 신고해야 하고 이사회의 결의를 거쳐야 한다:
최근 회계연도가 종료되고, 본 회사의 「상장회사 산업 유형별 획분 조정 요점」의 규정에 따라 식품공업, 화학공업과 금융보험업에 종사하는 업자.
증권거래법 제36조의 규정에 따라 최근 회계연도의 재무보고서를 제출하였고 요식 수입이 전체 영업수입의 100분의 50 이상을 차지하는 업자.
상술한 업자를 제외한 기타 상장회사, 다만 최근 회계연도 종료일의 납입자본금이 신대만폐 20억 위안에 미달하는 업자에 속한다면 중화민국 114년부터 적용해야 한다.

<표 15> 대만 지속가능성 보고서 대상기업 및 일정

작성 및 신고년도		2024년				2025년			
적용대상 및 공시항목		GRI 표준은 참조	기후 관련 정보를 공시	지속가능성 지표		GRI 기준을 참조	기후 관련 정보를 공시	지속가능성 지표	
				산업별 공시	회계법인의 인증보고			산업별 공시	회계법인의 인증보고
식품공업, 음식 관련 수입이 전체 수입의 50% 이상 차지하는 업자		✓	✓	✓	✓			✓	✓
화학공업 업자		✓	✓	✓	✓			✓	✓
금융보험업 업자		✓	✓	✓	✓			✓	✓
시멘트 공업; 플라스틱 공업; 강철 공업; 석유 가스 산업, 반도체 산업; 컴퓨터 및 주변 설비 산업; 광전 산업; 통신 네트워크 산업; 전자부품 산업; 전자통로 산업; 기타 전자 산업	납입자본금이 20억 위안 이상	✓	✓	✓		전체 상장회사가 지속가능성 보고서를 발행		✓	
	납입자본금이 20억 위안 이하								
상술한 14개 산업에 속하지 않는 기타 업종	납입자본금이 20억 위안 이상	✓	✓						
	납입자본금이 20억 위안 이하								

Ⅲ. 공시 대상 정보

본 방법의 내용에 대해 살펴보면, 공시 대상 정보는 전체 상장회사에 적용되는 일반 규정과 특정된 상장회사에만 적용되는 특별 규정으로 구분되고 있다.

일반 규정과 관련하여, 상장기업은 GRI에서 발표한 통용준칙, 산업준칙 및 중대한 주제 준칙에 따라 전년도의 지속가능성 보고서를 작성할 것이 요구되었고 기업에서 식별한 경제, 환경 및 군중(인권을 포함)과 관련된 중대한 주제 및 영향, 공시항목, 보도요구에 대해 공시할 것이 요구되었다. 또한 지속가능성 보고서의 내용은 환경, 사회, 기업지배구조의 리스크 평가를 포함해야 하고 각 상장회사는 관련 성적지표를 제정하여야 한다.[24]

특별 규정과 관련하여, "식품공업, 화학공업 및 금융보험업에 종사하는 업자" 및 "요식 수입이 전체 영업수입의 100분의 50 이상을 차지하는 업자"에 해당하는 상장회사는 본 방법 부록에서 제시한 지속가능성 지표에 대해 공시할 것이 요구되었다. 또한 납입자본금이 신대만폐 20억 위안 이상에 달하는 특정 산업도 2024년부터 지속가능성 지표를 공시할 것을 가강하도록 요구하고 있다.[25] 이외에도 상장회사는 전문적인 장을 설치하여 기후 관련 정보를 공시할 것이 요구되었다.[26]

〈표 16〉 대만 지속가능성 보고서의 참고 구조

번호	장(章)	공시 근거
-	표지	
-	목차	
1	본 보고서와 관련하여	GRI2
1-01	보고서 정보	
1-02	본 회사와 관련하여	
1-03	기타	
2	경영취지 및 지속가능성 전략	

---

[24] 「상장회사에서 지속가능성 보고서를 작성 및 신고함에 있어서의 작업방법」 제3조.
[25] 「상장기업이 지속가능성 보고서를 작성 및 신고함에 있어서의 관리방법」 제4조.
[26] 「상장기업이 지속가능성 보고서를 작성 및 신고함에 있어서의 관리방법」 제4-1조.

2-01	경영취지 및 지속가능성 전략 / 경영자의 말	GRI2, GRI405
2-02	지속가능성 발전을 추동	
2-03	이사회 및 기능성 위원회	
2-04	기타	
3	중대한 주제의 식별	GRI2, GRI3
3-01	이해관계자와의 합의	
3-02	중대한 주제를 결정하는 절차	
3-03	중대한 주제의 리스트	
3-04	중대한 주제의 관리방침	
4	경제 및 지배구조	
4-01	경제실적	
4-02	세무	GRI201
4-03	성실경영	GRI207
4-04	리스크 관리	GRI2, GRI205, GRI206
4-05	정보안전	GRI2-27
4-06	각 종 사단, 조직에 참여	GRI418-1
4-07	제품 관리	GRI2-28
4-08	공급체인 관리	GRI416-417
4-09	기타	GRI2-6, 204, 308, 414
5	사회	
5-01	인력발전	GRI2, 401, 404, 405
5-02	직업안전 및 위생	GRI403
5-03	사회참여	GRI203, 413
5-04	기타	
6	환경	
6-01	기후변화	GRI201
6-02	온실기체 배출	GRI305
6-03	에네르기 관리	GRI302
6-04	물자원 관리	GRI303

6-05	폐기물 관리	GRI306
6-06	기타	
7		
부록1	GRI 내용 색인표	
부록2	기후 관련 정보	
부록3	산업별 지속가능성 지표 정보	
부록4	기타 준칙(TCFD/SASB)내용 색인표	
부록5	인증기관의 의견서	
부록6	기타	
	뒤 표지	

Ⅳ. 중요성 기준

본 방법을 포함한 대만 현행 법규에 살펴 볼 때, 그 중요성 기준에 대해서는 명확히 제시하지 않고 있다.

Ⅴ. 공시의 위치

대만증권거래소는 각 상장회사에서 별도로 지속가능성 보고서를 발행하여, 매년 8월 31일전, 기업의 사이트에 지속가능성 보고서 및 해당 보고서의 보존기록을 공시하도록 요구하고 있고 본 상장기업에서 지정한 인터넷 정보 신고 시스템에 신고할 의무를 부과하고 있다.[27]

---

[27] 「상장기업이 지속가능성 보고서를 작성 및 신고함에 있어서의 관리방법」 제5조.

Ⅵ. 위반 및 허위공시 시의 법적책임

「대만증권거래소 주식회사가 유가증권 상장회사 및 경외 지수형 기금상장의 경외기금기구 정보 신고 작업방법臺灣證券交易所股份有限公司對有價證券上市公司及境外指數股票型基金上市之境外基金機構資訊申報作業辦法」관련 규정에 의하면, 지속가능성 보고서를 신고함에 있어서 신고한 정보에 착오가 있는 경우, 대만증권거래소에서 경고함을 내려 개선을 요구하거나 신대만폐 1만 위안을 부과할 수 있고 다만 그 착오가 주관기관, 대만증권거래소 혹은 투자자로부터 발견되어 사실이 입증되는 경우, 사정에 따라 신대만폐 3만 위안의 위약금을 부과할 수 있다고 한다.[28]

또한 동 조의 규정에 의하면, 사정이 엄중할 경우 대만증권거래소에 의해 영업세칙 제49조 혹은 제50조의 규정에 따라 유가증권의 거래방식을 변경하거나 매매정지 처분을 내릴 수 있다.

Ⅶ. 면책조항

대만의 관련 규정에서는 별도로 면책조항이 확인되지 않고 있다.

---

[28] 「대만증권거래소 주식회사가 유가증권 상장회사 및 경외 지수형 기금 상장의 경외기금기구 정보 신고 작업방법」 제3조 제1항 제32호, 제6조.

Ⅷ. 제3자 인증

1. 인증범위

대만 증권거래소는 최근 회계연도가 종료되고, 「상장회사 산업유형별 획분 조정 요점」의 규정에 따라 식품공업, 화학공업과 금융보험업에 종사하는 업자, 증권거래법 제36조의 규정에 따라 최근 회계연도 재무보고서를 제출하였고 음식과 관련된 수입이 전체 영업수입의 100분의 50 이상을 차지하는 업자를 대상으로, 본 방법 부표 1의1 내지 부표 1의3에 따라 공시하는 소속 산업의 지속가능성 지표에 대해 회계사가 중화민국 회계연구발전기금회에서 발표한 준칙에 의해 인증한 보고서를 공시할 것을 요구하였다.[29]

이외에도 온실가스 스코프 1과 스코프 2에 대해 제3자의 인증을 요구하였는데, 구체적으로 강철공업, 시멘트 공업과 최근 회계연도 종료일의 납입자본금이 신대만폐 100억 위안 이상에 달하는 업자에 대해 2024년부터 개체회사의 제3자 인증을, 2027년에 합병제표 상 모자회사의 제3자 인증을 완성할 것을 요구하였고; 최근 회계연도 종료일의 납입자본금이 신대만폐 50억 위안 이상에 달하지만 100억 위안에 미달하는 업자에 대해서는 2027년부터 개체회사의 제3자 인증을, 2028년부터 합병제표 상 모자회사의 제3자 인증을 완성할 것을 요구하였으며 2028년부터 모든 상장회사에게 제3자 인증을, 2029년에는 합병제표 상 모자회사의 제3자 인증을 요구하였다.[30]

---

[29] 「상장회사가 영속보고서를 제정 및 신고함에 있어서의 작업방법」 제4조.

2. 인증기준

대만 증권거래소는 국제기준 및 실무의 경험을 바탕으로, 상장회사가 제3자 인증을 진행함에 있어서의 기준을 제정하였다. 즉 본 방법 제4조에서 규정한 지속가능성 지표의 인증기준은 중화민국 회계연구발전기금회에서 발표한 인증준칙 3000호 및 국제 감사 및 보증 표준 위원회International Auditing and Assurance Standards Board: IAASB에서 발표한 ISAEInternational Standard on Assurance Engagements 3000에 의거할 것을 명시하였다. 또한, 본 방법 제4-1조에서 규정한 온실가스의 인증기준은 IAASB에서 발표한 ISAE 3410에 의거하거나 국제기준조직International Organization for Standardization: ISO에서 발표한 ISO 14064-3을 적용할 것을 규정하였다. 다만, 상장회사 중 환경보호처 공고에 따라 온실가스 배출량 검사대상인 자는 환경보호처의 규정에 따라 인증을 진행해야 한다.[31]

3. 인증기관의 자격

인증기관의 자격과 관련하여, 대만 증권거래소는 ISAE 3000 및 대만 행정원 환경보호처에서 발표한 「온실가스 인증기관 및 검증기관 관리방법溫室氣體認證機構及查驗機構管理辦法」을 참조하여, 다음과 같이 인증기관의 자격에 대해 규정하였다.

우선 본 방법 제4조 제2항에서 규정한 지속가능성 지표에 대해

---

[30] 「상장회사가 영속보고서를 제정 및 신고함에 있어서의 작업방법」 제4-1조.
[31] 「상장회사 지속가능성 보고서 인증기관 관리 요점」 제7조.

인증을 진행하는 회계사는 인증 진행 혹은 지속가능성 보고서를 보도한 경력이 2년 이상이여야 하고 최근 2년 동안 지속가능성 보고서 관련 규범 혹은 인증준칙 등 수업을 20시간 이상 진행하였어야 한다. 또한, 소속 회계법인은 지속가능성 발전 관련 부문을 2년 이상 설치하였어야 하고, 인증 혹은 지속가능성 보도의 경험이 2년 이상 있어야 하며, 중화민국 회계연구발전기금회가 발표한 회계법인의 품질관리준칙에 따라 품질관리통제 제도를 건립해야 한다.[32]

본 방법 제4-1조 제3항에서 규정한 온실가스에 대해 인증을 진행하는 기관, 의견서를 제출하는 검사인 및 회계사는 다음과 같은 자격을 갖추어야 한다. 우선 인증기관은 대만 행정원 환경보호처 검사기관의 허가증을 취득하거나, 회계법인이 인증기관으로 되는 경우, 지속가능성 지표에 대해 인증을 진행하는 소속 회계법인의 자격을 갖추는 것 외에 온실가스 검사에 대한 인증 혹은 보도 경력이 1년 이상 되어야 한다. 인증기관 인원은 인증기관의 주요 검사 인원으로서 환경보호처 합격등록자여야 하거나 회계사가 인증기관 인원으로 되는 경우, 지속가능성 지표에 대해 인증을 진행하는 회계사의 자격을 갖추는 외에 온실가스에 대한 인증 집행 혹은 보도 경험이 1년 이상 되어야 하고 최근 2년에 온실가스 검사 혹은 인증 관련 수업을 20시간 이상 진행하였어야 한다.[33]

---

[32] 「상장회사 지속가능성 보고서 인증기관 관리 요점」 제2조.
[33] 「상장회사 지속가능성 보고서 인증기관 관리 요점」 제3조.

제3절
제도의 평가 및 개선방향

상기 대만의 지속가능성 공시 법제도 관련 입법례 및 실제운영 상황에 대해 살펴볼 때, 제도 도입 초반에는 CSR보고서에 대해 자율 공시를 행하여왔지만 당시 식품 안전문제 등으로 인하여 식품 공업 등 일부 기업에 대해 CSR보고서의 강제 공시의무를 부과하게 되었다. 그 후 CSR보고서가 지속가능성 보고서로 개칭되면서 지속가능성 보고서에 관한 일련의 규제가 그대로 이어지게 되었는데, 동아시아 기타 지역과 비교할 때 제3자 인증 제도 등 도입이 빠르고 지속가능성 정보 공시에 대한 규제가 상대적으로 완비한 점을 볼 수 있다. 다만 전체적으로 보았을 때, 그 법체계가 명확하지 않고 법적 책임이 모호하며 제3자 인증 범위가 제한되어 있는 등 문제점이 존재하여, 이하 그 개선방향을 제시한다.

Ⅰ. 대만 지속가능성 공시제도의 전반적 체계에 관하여

대만 현행 지속가능성 공시 법제도에 대해 살펴볼 때, 지속가능성 보고서를 작성 및 신고함에 있어서의 주요 근거로 되는 작업방법은 FSC가 아니라 대만 증권거래소와 그레타이 매매센터에서 직접 제정하고 있다. 이외에도 그 법적 의거로 되는 규정의 내용에 대해 자세히 분석해보면, FSC에서 증권거래소와 그레타이 매매센터에 지속가능성 보고서에 대한 감독을 수권한다는 뜻을 도출하기가 어렵다. 따라서 대만에서는 현행 지속가능성 공시 법체계에서의 수권이 불명확하다는 견해[34]와 FSC에서 이러한 감독권한을 증권거래소와 그레타이 매매센터 등 영리성 사단법인에 부여하는 것이 타당하지 못하다는 견해가 제기되고 있다.[35]

미국의 경우, 일찍이 SEC가 1933년 증권법과 1934년 연방증권거래법을 법적 의거로 Regulation S-K를 제정하였고[36] '우로부터 아래로'의 비교적 완전한 법체계를 수립하였다. EU의 경우, 기존 DIRECTIBE 2013/34/EU를 개정하여, 기업들이 기존에 공시해야 하는 재무정보에 더불어 지속가능성 정보를 공시대상에 포함하여 규정하였는데, 이상으로 미국과 EU는 모두 입법기관 혹은 주요 감독기관에서 관련 법률, 법령의 제정을 진행하였고 지속가능성 정보에 대해서도 재무정보와 동등한 규제를 마련하는 모습을 볼 수 있다.

2025년부터 FSC에서 전체 상장·상궤회사를 대상으로 강제적으로 지속가능성 보고서의 공시 의무를 부과한다는 점을 감안하면, 대만 규제 당국에서도 재무정보와 마찬가지로 지속가능성 정보에 대해 중시한다는 의사를 보아낼 수 있다. 나아가 수권의 명확성을 확보하기 위해서는 거래소 혹은 그레타이 매매센터의 규정이 아니라 증권거래법에 지속가능성 공시를 명문화하는 방안을 고려해볼 수 있고, 이는 국제적 정합성에도 부합된다고 생각된다.

---

[34] 林郁峰,「我國永續報告書揭露制度之再建構」, 國立政治大學 碩士學位論文, 2023, 120頁.
[35] 이외에도 FSC에서 이러한 감독권한으로 지속가능성 공시 제도를 추진하는 것이 타당하지 못하다는 견해로는, 江朝聖,「永續報告書之實像與虛像」,『當代法律』第27期, 2024, 19頁.
[36] Regulation S-K는 1933년 증권법 제13조 또는 제15조 (d)항, 1934년 증권거래법 제13조 또는 제15조 (d)항에 따른다.

Ⅱ. 증권거래법상 위반 및 허위공시 시 법적책임의 부담가능성에 관하여

전술한 바와 같이, 위반 및 허위공시 시 법적책임과 관련하여 대만은 주로 대만증권거래소와 대만 매매중심의 계약책임으로 규제하고 있다.[37] 다만 근년래 FSC에서 적극적으로 지속가능성 보고서의 공시주체를 확대함에 따라 오로지 계약책임으로 상장회사들을 규제하는 것이 과연 지속가능성 보고서 공시의 질을 확보하는 데 유리한 것인지 의문이 든다. 이에 따라 대만 학계에서는 증권거래법상 법적책임으로 공시주체의 책임을 추궁할 수 있다는 주장이 제기되고 있는데, 이하 그 논의에 대해 정리하고 검토한다.

1. 증권거래법 제20-1조에 의한 책임요건

대만 증권거래법 제20-1조는 제20조 제2항[38]에서 규정한 재무보고서와 재무업무서류, 제36조 제1항[39]에서 규정한 신고해야 하

---

[37] 이 책 제4장 제2절 Ⅵ을 참조.
[38] 대만 증권거래법 제20조 제2항.
발행인이 본 법의 규정에 따라 신고 또는 공고한 재무보고서 및 재무업무서류의 내용은 허위기재 또는 은닉한 사정이 없어야 한다.
[39] 대만 증권거래법 제36조 제1항.
본 법에 따라 유가증권을 발행한 회사는 특수한 정황을 제외하고 주관기관에서 별도로 규정이 없는 한, 이하 규정에 따라 공고하고 주관기관에 신고해야 한다.
매 회계연도 종료 후 3개월 내, 공고 및 신고를 거쳐 이사, 경리인(經理人), 회계주관이 서명 혹은 낙인한 후, 회계법인의 인증을 받고 이사회의 통과와 감사인의 승인을 받은 연도 재무보고서.
매 회계연도 1분기, 2분기 및 3분기가 종료한 후 45일내, 공고 및 신고를 거쳐 이사, 경리인, 회계주관이 서명 혹은 낙인한 후, 회계법인의 인증을 받고 이사회에 제출하는 재무보고서.
매 월 10일전, 전 달의 운영상황을 공고 및 신고하는 것.

는 재무보고서와 관련하여 이의 주요 내용에 허위기재 또는 은닉한 사정이 있는 경우, ① 발행인 및 이의 책임자, ② 발행인의 직원(재무보고서 혹은 재무업무서류에 서명 또는 낙인한 자)은 발행인이 발행한 유가증권의 선의취득인, 매매인 또는 소유인에 대해 손해배상책임을 부담하도록 규정하고 있다.

해당 조항은 '주요 내용'에 허위기재 또는 은닉한 사정이 있는 경우에만 제한되므로, 그 내용에 있어서 '중요성'이 인정되어야 한다. 또한 지속가능성 보고서가 해당 조항의 규제대상에 해당하는지 여부에 대해 별도로 검토를 진행해야 하는데, 이하에는 그 구체적인 내용에 대해 살펴본다.

2. 증권거래법의 규제대상에 해당하는지 여부

(1) 증권거래법 제20조 제2항

전술한 바와 같이, 증권거래법 제20조 제2항과 제20-1조의 규제대상은 문언 상 재무보고서와 재무업무서류에 국한된 것처럼 보인다. 현재 재무보고서와 관련하여, 동 법 제14조 제1항에서는 "발행인 및 증권상, 증권거래소가 법령에 근거하여 작성하고 정기적으로 주관기관에 제출해야 하는 재무보고서"로 정의하고 있지만, 재무업무서류에서 대해서 증권거래법은 명확한 정의를 내리고 있지 않다.

이에 소위 재무업무서류는 재무보고서와 엄격한 구분이 있는 것이 아니라, 해석상 발행인이 법에 따라 신고 또는 공고해야 하는 서류도 이의 범위에 포함될 수 있다는 견해가 있다.[40] 따라서 회사가 연차보고서에 공시한 지속가능성 정보도 증권거래법 제20조 제

2항 및 제20-1조의 규제대상으로 될 수 있고 허위기재 또는 은닉한 사정이 있는 경우, 재무보고서의 부실공시 법적책임을 부담할 수 있다.

다만 해당 견해는 회사가 연차보고서에 지속가능성 정보를 공시한 경우에만 적용될 수 있고, 지속가능성 정보의 부실공시 문제를 해결할 수 없다. 특히 현재 대만 상장·상궤회사는 증권거래소 혹은 매매센터에서 발표한 작성방법에 따라 연차보고서와 별도로 지속가능성 보고서를 발행함으로, 이러한 지속가능성 보고서는 '법에 따라 신고 또는 공고해야 하는 서류'에 해당한다고 볼 수 없고 나아가 제20조 제2항의 규제대상에서 제외되어야 할 것이다.

이러한 문제에 직면하여, 지속가능성 정보에 대해 허위적으로 공시하거나 사기 또는 타인을 오인하게 하는 상황이 발생한 경우, 증권거래법 제20조 제1항을 적용할 수 있다는 입장[41]이 존재하는데, 이하에는 해당 조항에 대해 살펴보도록 한다.

(2) 증권거래법 제20조 제1항

증권거래법 제20조 제1항은 증권사기와 관련된 일반 조항으로[42], 유가증권의 모집, 발행, 사모 혹은 매매 시 허위, 사기 또는 타인을 오인하게 하는 행위에 대해 규제하고 있다. 본 조항을 위반

---

[40] 賴英照, 「最新證券交易法解析」, 作者自版, 2020, 692쪽.
[41] 楊岳平, 「公司治理與公司社會責任 : 企業倂購下股東, 債權人, 員工, 投資人之保護」, 元照, 2011, 321~324頁.
[42] 曾宛如, 「論證券交易法第二十條之民事責任-以主觀要件與信賴爲核心」, 『國立台灣大學法學論叢』 第33卷 第5期, 2004, 93頁; 邵慶平, 「證券交易法第20條第1項之民事責任主題不及於次要行爲人?: 以企業財報不實類型案例爲中心」, 『國立臺灣大學法學論叢』 第42卷 第1期, 2013, 189~193頁; 張心悌, 「從美國最高法院次要行爲人判決思考我國財報不實民事責任之規範」, 『臺灣財經法學論叢』 第2卷 第1期, 2020, 38~42頁.

한 민사책임은 동 조 제3항에서 규정하고 있는데, 즉 행위인은 유가증권의 선의취득인 또는 매도인에 대해 손해배상책임을 부담하도록 하는 것이다.

지속가능성 보고서의 부실공시에 대해 해당 조항을 적용할 수 있는지 여부를 검토함에 있어서, 우선 상장회사가 지속가능성 보고서를 발행하는 행위가 유가증권의 모집, 발행, 사모 혹은 매매과정에 해당하는지 여부에 대해 판단을 진행해야 한다. 제20조 제1항의 입법연혁에 대해 살펴보았을 때, 1988년(민국 77) 개정의 이유 중 "유가증권의 모집, 발행 혹은 매매행위의 주체를 당사자 쌍방 이외의 제3자도 이에 포함"시켰는바,[43] 이러한 점을 고려하여 회사에서 현재 유가증권의 모집, 발행, 사모 혹은 매매행위를 행하지 아니하더라도 부실 정보를 공시하여 허위, 사기 또는 타인을 오인하게 하는 행위를 행함으로써 투자자에게 증권거래상 손해를 입혔다면 여전히 본 항의 규제대상에 속한다는 견해가 있다.[44]

다만 제20조 제1항을 적용하게 된다면, 증권거래법 제171조 제1항의 형사책임을 부담하게 될 우려가 있어, 계속 고려할 여지가 있다. 이에 법적책임에 대해 재정비할 필요가 있을 것이다.

---

[43] 유가증권의 모집, 발행 혹은 매매행위와 관련하여, 당사자 쌍방은 모두 상대방 혹은 제3자의 허위, 사기 혹은 타인을 오인하게 하는 행위로 인해 손해를 입을 수 있다. 다만 수정 전 제20조 제1항은 '유가증권을 모집, 발행 혹은 매매한 자'로 국한하여, 제3자를 포함하지 않았다는 점에서 '유가증권의 모집, 발행 혹은 매매에 있어서'로 수정하였다(대만 입법원 시스템 민국 77년 1월 12일자 수정 이유를 참고).
[44] 楊岳平, 앞의 논문, 55쪽.

3. 제3자 인증에 관하여

대만은 제3자 인증 제도에 대해 그 인증기준과 인증자격에 대해 협소하게 규정한 점을 발견할 수 있는데 인증기준과 관련하여, 중화민국 회계연구발전기금회에서 발표한 인증준칙 제3000호 및 ISAE3000에 의거하여 지속가능성 지표에 대한 인증을 진행하고, 온실가스에 대해서는 ISAE3410과 ISO 14063-3에 의거하여 그 인증을 진행하도록 하고 있다. 다만 현재 EU, 미국 등 주요 국에서 그 인증기준에 대해 명확히 정하지 않았다는 점,[45] ISAE3000으로만 그 인증기준으로 제한한 경우, 향후 제3자 인증에 더 적합한 인증기준이 출시할 수도 있다는 점을 고려하여 상장회사에서 인증기준을 선택할 수 있도록 자주성을 부여할 필요가 있을 것이다.

다음 인증자격과 관련하여 주로 회계사와 회계법인에 한정되어 있는데, EU와 대부분 국가에서 채택하고 있는 대로 인증제공자를 회계법인으로 제한하지 않고 일정한 자격을 갖추고 인가받은 기관으로 그 범위를 넓힐 방안을 고려해볼 수 있다.

---

[45] 전규안 외, 「글로벌 ESG 인증제도 현황과 시사점」, 『회계저널』 제33권 제1호, 2024, 122쪽.

06
한국 법체계속에서의 도입방안

제1절
한국 종래의 공시 상황

 기업 공시제도는 상장기업을 대상으로 금융거래 및 투자 결정 관련 정보를 의무적으로 공시하는 제도이다.[1] 따라서 한국에서는 금융위원회를 주축으로 지속가능성 정보 공시를 기업 공시제도와 연계하여 의무화하기 위한 노력이 진행되고 있었고 주로 기업 공시제도의 확대와 ESG 진단항목 평가 체계 개발로 자국의 지속가능성 공시 법제도를 수립하고 있다. 다음 <표 17>은 한국 지속가능성 공시와 관련된 정책의 추진 경과를 정리한 내용이고, 이하 우선 일부 지속가능성 정보에 대해 공시를 요구하고 있는 사업보고서부터 일일이 살펴본다.

---

[1] 김호석 외, 「ESG 관련 국내외 동향 및 환경정책에 미치는 영향」, 한국환경정책평가연구원, 2021, 43쪽.

〈표 17〉 한국의 지속가능성 공시 관련 정책

연도	정책 및 주요 내용
2017	유가증권시장 상장법인 대상 기업지배구조보고서 자율공시 형태로 도입
2019	자산 2조원 이상 유가증권시장 상장기업 대상 기업지배구조 공시 의무화
2021	금융위·금감원·한국거래소 합동「기업공시제도 종합 개선방안」 발표
2021	한국거래소「ESG 정보공개 가이던스」 발표
2021	중소벤처기업부「중소기업 ESG 촉진방안」 발표
2021	산업통상자원부「K-ESG 가이드라인 v.1.0」 발표
2022	자산 1조원 이상 유가증권시장 상장기업으로 기업지배구조 공시 의무화

Ⅰ. 사업보고서에 의한 공시

한국「자본시장과 금융투자업에 관한 법률」(이하 '자본시장법')에 따른 사업보고서의 경우, 주로 사업의 내용, 재무에 관한 사항, 이사의 경영진단 및 분석의견 등 재무에 관한 사항을 담고 있는데, 이외에도 일부 지속가능성과 관련된 사항을 포함하고 있다.

예컨대 환경(E)와 관련하여서는 온실가스 배출량, 에너지 사용량, 환ㄴ경복구 비용, 환경 관련 손해배상책임, 환경 관련 행정조치 및 형사처벌 내용, 「저탄소 녹색성장 기본법」에 따라 정부로부터 인증을 받은 경우 녹색기술·녹색산업 인증에 관한 사항, 「환경기술 및 환경산업 지원법」에 따라 환경부장관으로부터 지정을 받은 경우 녹색기업 지정에 관한 사항 등을 기재해야 하고, 사회(S)와 관련하여서는 산업재해 발생원인, 구성원 임금수준, 노동·소비재·부정청탁 관련 행정조치 및 형사처벌 내용, 상표관리 정책, 고객관리 정책 등을 기재해야 하며, 지배구조(G)와 관련하여서도 이사회

구성 개요, 중요 의결사항, 이사회내 위원회 현황, 사외이사의 전문성과 독립성에 관한 사항, 감사 또는 감사위원회의 현황과 전문성에 관한 사항, 준법지원인을 둔 경우 그 현황, 주주총회 관련 집중투표제·서면투표에 또는 전자투표제 채택여부, 소수주주권 행사 상황 등을 기재하도록 규정하고 있다.

다만 사업보고서는 기업의 부담을 합리적으로 조정하면서 재무정보를 중심으로 투자자들에게 반드시 필요한 정보를 제공하고자 하는 것에 기본 목적을 두고 있는 점 등에 비추어 볼 때, 현재 사업보고서에 포함되어 있는 일부 지속가능성 정보들은 사업보고서의 전체적 체계를 고려하여 지속가능성 공시를 위해 도입되었다고 보기에는 다소 어려운 측면이 있다.[2]

Ⅱ. 기업지배구조보고서에 의한 공시

1997년 외환위기 이후 IMF는 한국 경제개혁 방안 중 하나로 기업지배구조 개선을 요구하였고 정부는 이에 대응하기 위하여 사외이사 제도 등 다양한 제도 마련을 통하여 기업지배구조를 개선하기 위한 노력을 지속적으로 해왔다. 그럼에도 불구하고 한국 상장기업의 기업지배구조는 해외로부터 부정적으로 평가받고 있는데, 이러한 상황을 바탕으로 금융위원회는 2017년 3월 유가증권시장 상장기업을 대상으로 기업지배구조 공시를 자율공시 사항으로 도입하였다. 즉 기업지배구조 10대 핵심원칙을 선정하여 핵심원칙

---

[2] 심원태, 「국내 공시제도 현황」, 『BKL』 제109호, 18쪽.

의 준수 여부와 미준수에 대한 내용과 사유를 서술Comply or Explain하여 자유롭게 공시하도록 한 것이다.

다만 자율공시라는 한계로 참여기업이 소수에 불과하였고, 핵심원칙에 대한 내용을 자유롭게 기재함에 유리한 내용만을 선별적으로 공표하는 등 관련 정보가 시장에 충분히, 그리고 사실대로 제공되지 못해 공시의 질이 낮은 문제가 제기되었다.

이러한 문제점을 해결하기 위하여, 금융위원회는 2019년부터 자산총액 2조원이상인 유가증권시장 상장기업에 대해 기업지배구조보고서를 의무화하도록 '유가증권시장 공시규정'을 개정하였으며 2022년부터는 자산총액 1조원 이상인 유가증권시장 상장기업으로 그 범위를 확대하였고 2026년까지 모든 유가증권시장 상장기업으로 확대할 계획을 발표하였다.

III. 지속가능경영보고서에 의한 공시

2021년 1월 14일, 금융위원회, 금융감독원, 한국거래소는 「기업공시제도 종합 개선방안」을 합동 발표하였다. 이는 기업의 공시부담을 줄이면서 투자자 보호를 강화하는 것을 목적으로 시행되었으며, 기업의 지속가능성 정보 공시와 투자자의 책임투자를 확대하기 위한 제도적 기반을 조성하는 내용을 포함하고 있다. 이에 해당하는 조치로 지속가능성 정보의 자율공시 활성화 및 단계적 의무화 추진, 스튜어드십 코드 시행성과 평가 및 개정 검토, 의결권자문사 정보 공시 추진 등을 계획하였다.

특히 지속가능성 정보 공시 확대와 관련하여, 앞서 살핀 기업지배구조보고서 의무화를 확대할 뿐만 아니라, 환경(E) 및 사회(S)에 대한 기업공시에 대한 계획도 수립하였다. 즉 환경 관련 기회, 위기요인 및 대응계획 등 환경(E)과 노사관계, 양성평등 등 사회(S)에 관한 정보를 포함한 '지속가능경영보고서'를 한국거래소의 자율공시 항목으로 활성화하고 의무화하겠다는 계획을 발표하였다. 단계별 추진계획은 구체적으로 2025년까지는 「ESG 정보 가이던스」 제시와 자율공시 활성화(1단계), 2025~2030년에는 자산규모가 일정 이상인 기업의 의무공시(2단계), 2030년 이후에는 모든 코스피 상장사를 대상으로 의무공시(3단계)로 수립되었다. 이는 곧 기존 기업지배구조보고서나 기업별로 작성, 공개하던 지속가능경영보고서에 대한 공시 의무 대상의 확대로 해석될 수 있다.

이에 따라 2021년 1월 한국거래소는 상술한 「ESG 정보공개 가이던스」를 발표하였다. 해당 가이던스는 지속가능성 정보 공시의 필요성, 보고서 작성과 공개 절차, 그 과정에서 준수해야 하는 원칙 및 지속가능성 정보 공시와 관련된 글로벌 기준으로 구성되어 있고 공통적인 지표를 권고지표(12개 항목, 21개 지표)로 제시하였다. 따라서 기업에서 지속가능성 정보를 공시하는 경우, '공시 또는 설명'의 원칙에 따라 지표를 공시할 수 있고, 만약 특정 지표가 생략되는 경우 주석 등을 이용하여 그 이유를 설명할 수 있다. 또한, 정보는 연 1회 이상 공시하는 것을 원칙으로 하고, 매년 일정한 시기에 공시하도록 권고하고 있으며 투자자들이 지속가능성 요소와 재무정보를 연계하여 평가할 수 있도록 사업보고서를 공시하는 시점과 지나치게 차이가 나지 않도록 하는 것이 바람직하다고 설명하고 있다.

〈표 18〉 한국거래소 「ESG 정보 공개 가이던스」 중 권고지표

구분	항목	지표	비고
조직	ESG 대응	경영진의 역할	ESG 이슈의 파악·관리와 관련된 경영진의 역할
	ESG 평가	ESG 위험 및 기회	ESG 관련 위험 및 기회에 대한 평가
	이해관계자	이해관계자 참여	이해관계자의 ESG 프로세스 참여 방식
환경	온실가스배출	Scope 1	회사가 소유하고 관리하는 물리적 장치나 공장에서 대기중으로 방출하는 온실가스 배출량
		Scope 2	회사 소비용으로 매입 또는 획득한 전기, 냉난방 및 증기배출에 기인한 온실가스 배출량
		배출 집약도	활동, 생산 기타 조직별 미터법의 단위당 배출된 온실가스 배출량
	에너지사용	직접 에너지 사용량	조직이 소유하거나 관리하는 주체의 에너지 소비량
		간접 에너지 사용량	판매제품의 사용 및 폐기처리 등 조직 밖에서 소비된 에너지 소비량
		에너지 사용 집약도	활동, 생산 기타 조직별 미터법의 단위당 필요한 에너지 소비량
	물사용	물사용 총량	조직의 물 사용 총량
	폐기물배출	폐기물 배출 총량	매립, 재활용 등 처리 방법별로 폐기물의 총 중량
	법규위반·신고	환경 법규 위반·사고	환경 법규 위반·환경 관련 사고 건수 및 조치 내용
사회	임직원현황	평등 및 다양성	성별·고용형태별 임직원 현황, 차별 관련 제재 건수 및 조치 내용
		신규고용 및 이직	신규 고용 근로자 및 이직 근로자 현황
		청년인턴 채용	청년인턴 채용 현황 및 정규직 전환 비율
		육아휴직	육아휴직 사용 임직원 현황
	안전·보건	산업재해	업무상 사망, 부상 및 질병 건수 및 조치 내용
		제품안전	제품 리콜 건수 및 조치 내용
		표시·광고	표시·광고 규제 위반 건수 및 조치 내용
	정보보안	개인정보 보호	개인정보 보호 위반 건수 및 조치 내용
	공정경쟁	공정경쟁·시장지배적 지위 남용	내부거래·하도급거래·가맹사업·대리점 거래 관련 법규 위반 건수 및 조치 내용

Ⅳ. KSSB에 의한 지속가능성 공시기준 초안의 발표

금융위원회는 한국판 공시기준을 마련하기 위해 2022년 12월에 한국회계기준원 산하에 한국지속가능성기준위원회^{Korea Sustainability Standards Board: KSSB}를 설립하였고,[3] 올해 4월 30일에 국내 지속가능성 공시기준 공개초안을 발표하였다.

해당 초안은 ISSB 공시기준을 바탕으로 제정되었고 제1호 '지속가능성 관련 재무정보 공시를 위한 일반사항', 제2호 '기후 관련 공시사항', 제101호 '정책 목적을 고려한 추가 공시사항'으로 구성되었다.

〈표 19〉 KSSB 지속가능성 공시기준 초안

구분	번호	명칭	비고
의무공시 기준	제1호	지속가능성 관련 재무정보 공시를 위한 일반사항	지속가능성 사안과 관련된 개념적 기반과 일반사항 제시 (IFRS S1 기반)
	제2호	기후 관련 공시사항	기후 관련 위험 및 기후 관련 공시 요구사항 제시(IFRS S2 기반)
추가공시 기준	제101호	정책 목적을 고려한 추가공시 선택사항	지속가능성 관련 사안 중 정책 목적에 따라 공시가 권장되는 사안

---

[3] ESG경제, "KSSB 설립해 한국형 ESG 공시기준안 마련", 2022. 12. 15.
https://www.esgeconomy.com/news/articleView.html?idxno=2841(최종접속일: 2024. 10. 10)

제2절
법제화 필요성 및 그 법제화 방안

한국의 공시제도는 법률상 의무가 부여된 공시인지 여부를 기준으로 자본시장법에 따른 법정공시와 한국 거래소 규정에 따른 거래소 공시로 구분할 수 있다. 공시채널은 사실상 ISSB의 권고가 없기에 각 국에서 스스로 판단해야 하는 사안에 가깝고, 이와 관련하여 한국 국내에는 자본시장법을 개정하여 법정 공시화하는 방안,[4] 유가증권시장 공시규정을 통해 거래소 공시로 의무화하는 방안,[5] 거래소 공시로 의무화한 후 일정 기간 후에 법정 공시화하는 방안[6] 등이 논의되고 있다. 전반적으로 지속가능성 공시를 의무화한다는 방향에 있어서는 동일하나, 그 방법들의 차이는 법정공시의 수준으로 할 것인지, 거래소 공시의 수준으로 할 것인지에 있다.

상술한 동아시아 주요 시장들과의 비교법적 연구를 참고하고, 한국의 상황을 고려하여 필자도 역시 법정공시로 지속가능성 공시제도를 도입하는 방안이 더 합당하다고 본다. 이하 그 법제화 필요성에 대해 설명하고 구체적인 방안을 제시한다.

---

[4] 민형배의원 대표발의(의안번호:2102852), 유의동의원 대표발의(의안번호:2113887), 이창섭의원 대표 발의(의안번호: 2114836), 이용우의원 대표발의(의안번호:2116133), 조해진의원 대표 발의(의안번호:2125328), 김성주의원 대표발의(의안번호:2125917) 등.
[5] 금융위원회, "기업 부담은 줄이고, 투자자 보호는 강화하는 기업공시제도 종합 개선방안", 2021.01.14.자 보도자료, 16쪽.
[6] 이상호 자본시장연구원의 주장을 참조. [이투데이, "ESG 공시, 선택 아닌 필수… 기후변화 공시 대응 시급", 2023.05.12. https://www.etoday.co.kr/news/view/2248562 , (최종 접속일자: 2024.08.29.)

Ⅰ. 지속가능성 공시 제도의 법제화 필요성

1. 국제적 정합성[7]

앞에서 살펴본 바와 같이, 현재 중국과 대만을 포함한 일부 중화권 지역을 제외하고는 모두 법정공시로 지속가능성 공시 제도를 도입한 상황이다. 다만 중국도 ISSB 공시 기준의 도입을 적극적으로 고려하여 향후 자발적 공시로부터 강제공시로 나아가겠다는 입장을 정식으로 표명하였다는 점,[8] 대만도 2026년부터 ISSB 공시 기준을 직접 적용하여 연차보고서에 지속가능성 정보와 관련된 전문적인 장을 설치한 점[9]을 고려하면 전 세계적으로 법정공시로 지속가능성 공시 제도를 도입하는 것은 명확한 추세이고, 한국도 국제적으로 인정될 수 있는 수준으로 지속가능성 공시 제도를 도입했다고 받아들여지기 위해서는 동등한 수준의 법제화가 필요하다고 생각된다.

2. 국제 경쟁력 확보

탄소 국경세, 노동인권 강화 등 ESG 요소에 대한 규제 강화 기조는 세계적인 추세이며, 새로운 국제 무역 질서로 자리 잡을 가능성

---

[7] '국제적 정합성'이란 ISSB 공시 기준 및 유럽연합, 미국 등의 공시 기준과 상호 운용이 가능하도록 함으로써 국내 기업의 국내 및 해외 주요국의 지속가능성 공시 규제에 관한 대응 부담을 최소화하는 것을 의미한다. (법무법인 세종, "한국 회계기준원, 국내 지속가능성 공시 기준 공개초안 발표", 2024.05.03.자 뉴스레터)
[8] 財政部, 「《企業可持續披露准則―基本准則(征求意見稿)起草説明》」, 7頁.
[9] 金管會, 「我國接軌IFRS永續揭露準則藍圖」, 2頁.

이 높다.[10] 중국, 대만, 일본 등 한국 기업의 수출비중이 높은 지역[11]에서도 지속가능성 공시를 법제화하려는 추세를 감안하면, 산업에 대한 매출비중이 높은 기업의 경우 해당 기업의 경영진들뿐만 아니라 투자자 역시 위험관리가 필요할 것으로 상정된다. 또한 이에 적절하게 대응하지 못할 경우, 수출을 위주로 하는 한국 산업의 국제 경쟁력이 낮아질 우려가 있다. 나아가 신뢰성 있는 정보를 제공하고 국제 경쟁력을 확보하기 위해서는 법정공시가 선행되어야 할 것이다.

3. 법적책임

기업에서 가장 큰 부담을 느끼고 있는 것은 바로 허위공시 책임일 것인데, 이하 법정공시와 거래소 공시를 선택할 경우, 기업에서 부담해야 하는 법적책임에 대해 살펴본다.

〈표 20〉 한국의 법정공시와 거래소 공시 비교표

구분	법정 공시	거래소 공시
대표이사 등 확인	• 대표이사 및 사업보고서 제출 담당 이사의 확인	-

---

[10] Larch, Mario, and Joschka Wanner, "Carbon tariffs: An analysis of the trade, welfare, and emission effects", *Journal of International Economics* 109, 2017, pp.195~213.
[11] 2024년 9월을 조회기준으로, 한국 기업의 수출비중이 높은 10개 지역으로는 중국, 미국, 베트남, 대만, 홍콩, 일본, 인도, 호주, 싱가포르, 필리핀이 있다. 상술한 통계자료는 KOTRA, "한국 무역현황", https://www.kotra.or.kr/bigdata/visualization/korea#search/ALL/ALL/2024/9/exp (최종접속일: 2024.11.11.) 참조.

행정 제재	• 금융위원회가 제재 권한 보유(과징금 부과, 정정명령, 증권 발행 및 거래 정지, 임원에 대한 해임권고, 수사기관 통보)	• 거래소와 상장회사는 사법상 계약관계에 있어서 행정적 제재 부과 불가 • 거래소 규정에 따른 불성실공시법인 지정, 공시 위반 제재금, 매매거래 정지 등의 제재만 가능
형사 책임	• 중요사항, 허위기재 또는 기재 누락에 대해 공인회계사 등 처벌(자본시장법 제444조 제13호)	• 적용되는 처벌 규정 없음 • 자본시장법상 부정거래행위 금지규정 적용 가능(부정성이 있는 경우로 한정되며 이 경우 제443조 제1항 제8호에 따라 처벌 가능)
민사 책임	• 자본시장법상 손해배상책임 규정(자본시장법 제162조 등) • 민법상 불법행위책임 규정에 따른 청구 가능(민법 제170조)	• 민법상 불법행위 책임 규정(민법 제170조)

    법정공시와 관련하여, 자본시장법은 사업보고서 등 및 그 첨부서류 중 중요사항에 관하여 거짓의 기재 또는 표시가 있거나 중요사항이 기재 또는 표시되지 아니함으로써 증권의 취득자 또는 처분자가 손해를 입은 경우에 공시의무자(사업보고서 등의 제출인과 당시 제출대상법인의 이사, 작성을 지시하거나 집행한 자)나 외부 감사인(기재사항 및 그 첨부서류가 진실 또는 정확하다고 증명하여 서명한 공인회계사 등)에게 손해배상책임을 부담하도록 규정[12]하고 있을 뿐만 아니라 행정제재,[13] 형사처벌[14]을 받도록 투자자에게 유리한 조항을 설치하고 있다.

    다만, 거래소 공시의 경우, 법률의 개정 없이 거래소 규정의 개정만으로 공시제도를 도입할 수 있다는 편이성은 있지만, 정확성 담보 및 투자자보호 수단을 적용하기 어렵다는 단점이 있다.[15] 구

---

[12] 자본시장법 제162조 제1항.
[13] 자본시장법 제429조 제3항.
    금융위원회는 공시의무자에 대해 일일평균거래금액의 100분의 10(20억원을 초과하거나 그 법인이 발행한 주식이 증권시장에서 거래되지 아니한 경우에는 20억원)을 초과하지 아니한 범위에서 과징금을 부과할 수 있다.
[14] 자본시장법 제444조 제13호. 구체적으로 5년 이하의 징역 또는 2억원 이하의 벌금에 처한다.
[15] 김지웅, 「ESG 공시에 관한 외국의 제도개선 동향과 시사점」, 『비교사법』 제30권 제3호,

체적으로, 민사책임과 관련하여 거래소 공시의 경우에는 중요사항 허위기재 또는 기재누락으로 인하여 증권의 취득자 또는 처분자가 손해를 입었다 하더라도 자본시장법 제162조에 의한 손해배상을 청구할 수 없다. 대법원은 거래소와 상장회사 사이의 상장계약을 계약관계로 보고 거래소가 제정한 「유가증권시장 상장규정」에 대해서 약관의 성질을 가진다고 판단한 바가 있는데,[16] 이에 따르면 「유가증권시장 공시규정」(이하 '공시규정') 또한 약관의 성질을 가진다고 볼 수가 있다. 한편, 대법원은 채무자가 확정된 채무의 내용에 좇아 이행하지 않는 경우 그 자체가 바로 위법한 것으로 평가[17] 하므로, 공시규정에 대한 위반도 불법행위의 구성요건으로서 민법상 불법행위에 해당한다고 평가할 수 있다.[18] 다만, 투자자는 민법 제750조의 요건사실[19]을 입증해야 하는 부담이 있으므로, 이러한 요건사실의 증명이 관건으로 될 것이다. 상기와 같이, 대법원은 거래소와 상장회사는 사법상 계약관계이므로 행정적 제재를 부과할 수 없다. 그러나 거래소는 거래소 규정에 의해 불성실공시법인으로 지정하여 벌점을 부과[20]하거나 공시위반 제재금을 부과,[21] 매매

2023, 133쪽.
[16] "자본시장법에 따라 거래소허가를 받아 설립된 거래소가 제정한 증권상장규정은, 자본시장법이 거래소로 하여금 자치적인 사항을 스스로 정하도록 위임하여 제정된 자치 규정으로서, 상장계약과 관련하여서는 계약의 일방 당사자인 거래소가 다수의 상장신청법인과 상장계약을 체결하기 위하여 일정한 형식에 의하여 미리 마련한 계약의 내용, 즉 약관의 성질을 가진다", 대법원 2019. 12. 12. 선고 2016다243405 판결.
[17] "채무불이행에 있어서 확정된 채무의 내용에 좇은 이행이 행하여지지 아니하였다면 그 자체가 바로 위법한 것으로 평가되는 것이고, 다만 그 이행하지 아니한 것이 위법성을 조각할 만한 행위에 해당하게 되는 특별한 사정이 있는 때에는 채무불이행이 성립하지 않는 경우도 있을 수 있다", 대법원 2002. 12. 27. 선고 2000다47361 판결.
[18] 서울고등법원 2013. 1. 10. 선고 2010나84682 판결에서 법원은 거래소 공시의 하나인 공정공시의 허위 공시에 대하여 불법행위의 성립을 인정한 바가 있다.
[19] 민법 제750조 (불법행위의 내용).
고의 또는 과실로 인한 위법행위로 타인에게 손해를 가한 자는 손해를 배상할 책임이 있다.
[20] 유가증권시장 공시규정 제35조 제5항.

거래 정지[22] 등 제재를 취할 수 있다. 이외에도 자본시장법은 거래소 공시에 관하여 형사처벌을 두고 있지 않는데, 금융위원회에 부정거래행위를 조사할 권한을 부여함으로써[23] 부정거래행위에 해당하는 경우 1년 이상의 유기징역 또는 부정거래행위로 얻은 이익이나 회피한 손실액의 3배 이상 5배 이하에 상당하는 벌금에 처하도록 하고 있다.[24]

상기와 같이, 법정 공시와 달리 거래소 공시는 자율규제가 적용될 뿐이고 형사처벌 또는 행정제재로 공시 정보의 진실성을 확보할 것을 기대하기는 어렵다. 법정 공시를 채택하면 기업의 과도한 부담으로 지속가능성 정보의 공시를 저해할 우려가 있다는 점[25]도 설득력이 있지만, '그린워싱Green Washing'[26] 등으로 지속가능성 정보 공시가 이용될 가능성을 통제하기 위해 중대사항에 대한 허위 기재 또는 누락에 대한 법적 제재를 가하는 것이 필요하다고 생각된다.

상술한 점들을 고려하여, 저자는 한국에서 지속가능성 공시 제도를 도입함에 있어서 법정공시로 도입하는 방안이 더 합리적이라고 생각된다.

---

[21] 유가증권시장 공시규정 제35조의 2.
[22] 유가증권시장 공시규정 제40조 제1항 제3호.
[23] 자본시장법 426조.
[24] 자본시장법 제443조 제1항 제8호.
[25] 이형기, 「비재무 관련 정보 공시제도의 개선방안에 관한 연구」, 『법학연구』 제29권 제4호, 2021, 188쪽.
[26] 기업이나 단체에서 실제로는 환경에 악영향을 끼치는 제품을 생산하면서도 허위·과장, 광고나 선전, 홍보수단 등을 이용해 친환경적인 모습으로 포장하는 '위장환경주의' 또는 '친환경 위장술'을 가리킨다(최유경·김혜리, 「E.S.G 제도 구축의 관점에서 본 그린워싱 현황과 법제개선 방안」, 『환경법연구』 제45권 제1호, 2023, 110쪽).

Ⅱ. 면책조항

상술한 바와 같이, 지속가능성 관련 사항이 사업보고서에 포함될 경우, 만일 그 내용에 거짓의 기재, 중요사항의 누락 등이 있는 경우, 자본시장법 제162조에 따른 손해배상책임, 제429조 제3항에 따른 과징금과 제444조에 따른 벌칙 조항이 적용될 수 있다. 이외에도 민법 제750조에 따른 불법행위 책임에 따라 공시정보에 거짓 또는 중요한 사항의 누락 등에 대하여 관련 인원들의 책임을 물을 수 있다.

지속가능성 정보 공시에 대한 기업의 현실적 부담이 크고, 법정공시로 지속가능성 공시 제도를 도입할 경우, 상기와 같은 엄격한 법적 책임이 기업의 부담을 한층 더 가중화할 수 있다는 점을 감안하여, 합리적 근거에 따라 공시한 사항에 대해서는 법적 책임에서 면제하는 규정이 필요하다. 다만 지속가능성 공시에 있어서 면책의 정당성은 공시주체가 해당 리스크를 예측하지 못할 수 있다는 점에서 야기되므로,[27] 주관 상 고의에 의한 경우는 제외해야 할 필요가 있다고 본다.

현재 한국 자본시장법 제162조 제2항에서는 예측정보와 관련하여 손해배상책임 면제 규정을 두고 있는데,[28] 이와 관련하여 미국

---

[27] 袁瑞璟, 「法经济学视角下ESG信息强制披露的边界与制度创新」, 『南方金融』 第572期, 2024, 60頁.

[28] 자본시장법 제162조 제2항.
예측정보가 다음 각 호에 따라 기재 또는 표시된 경우에는 제1항에 불구하고 제1항 각 호의 자는 그 손해에 관하여 배상의 책임을 지지 아니한다. 다만, 해당 증권의 취득자 또는 처분자가 그 취득 또는 처분을 할 때에 예측정보 중 중요사항에 관하여 거짓의 기재 또는 표시가 있거나 중요사항이 기재 또는 표시되지 아니한 사실을 알지 못한 경우로서 제1항 각 호의 자에게 그 기재 또는 표시와 관련하여 고의 또는 중대한 과실이 있었음을 증명한 경우에는 배상의 책임을 진다.

SEC 기후공시규칙에 신설된 면책 조항 조문을 참조하여 보고기업에 제출한 사업보고서상의 정보를 미래에 대한 예측진술로 간주하여 민사책임을 면제하는 방법을 고려해볼 수 있다.

Ⅲ. 제3자 인증

지속가능성 정보의 신뢰성을 제고하기 위해서는 이에 대해서도 공시, 인증, 평가로 이어지는 법제도가 적절하게 구축되는 것이 필요 된다.[29] 따라서 한국에서 지속가능성 정보에 대한 공시 법제도를 수립하면서 인증 제도도 함께 수립하는 것이 바람직하다고 생각된다. 이를 위해서는 구체적으로 ① 제3자 인증의 범위에 대해 어떻게 정할지, ② 진입규제 측면에서 지속가능성 정보를 인증할 수 있는 인증기관의 자격을 어떻게 제한할지, ③ 인증수준을 정한 자면 '제한적 확신'이나 '합리적 확신' 등 어느 수준으로 인증을 받게 할 것인지에 관한 제도 수립이 필요 하는데, 동아시아 주요 시장 중 현재 대만에서만 제3자 인증 제도의 도입이 완료되었다는 점을 고려하여, EU와 미국의 사례도 함께 참고하여 그 구체적인 도입방안을 제시한다.

---

1. 그 기재 또는 표시가 예측정보라는 사실이 밝혀져 있을 것.
2. 예측 또는 전망과 관련된 가정 또는 판단의 근거가 밝혀져 있을 것.
3. 그 기재 또는 표시에 대하여 예측치와 실제 결과치가 다를 수 있다는 주의문구가 밝혀져 있을 것.
4. 그 기재 또는 표시에 대하여 예측치와 실제 결과치가 다를 수 있다는 주의문구가 밝혀져 있을 것.

[29] 정준혁, 「ESG와 회사법의 과제」, 『상사법연구』 제40권 제2호, 2021, 252쪽.

1. 인증범위

우선 EU와 미국의 동향을 살펴봤을 때, EU는 CSRD로 지속가능성 보고서 전반에 대해 '중대한 위반 사항이 발견되지 않았음'과 같은 '제한적 확신'을 의무화하였고, 미국은 SEC 기후공시규칙으로 공시의무를 부담하고 있는 보고기업을 기업의 시가총액에 따라 세분화하여 Scope 1, 2와 같은 핵심 지표에 대해서만 제3자 인증을 요구하고 있다.[30]

동아시아 기타 시장의 경우, 앞서 설명한 바와 같이 대만은 식품공업, 화학공업, 금융보험업에 종사하는 업자, 요식업 수입이 전체 수입의 100의 50 이상을 차지하는 업자를 대상으로 소속 산업의 지속가능성 지표에 대한 제3자 인증을 요구하고 있고, 현재로서는 강철공업, 시멘트 공업 및 납입자본금이 신대만폐 100억 위안 이상인 업자를 대상으로 온실가스 Scope 1, 2에 대한 제3자 인증을 요구하고 있지만 그 인증주체를 점차적으로 확대하여 모든 상장·상궤회사에게 제3자 인증 의무를 부과할 정책을 발표하였다.

일본의 경우, 미국의 입법례를 참조하여 2028년 3월기부터 제3자 인증 제도를 도입하고 시가총액이 3조엔 이상인 프라임 시장 상장 기업으로부터 시작하여 단계적으로 그 범위를 확대하여 일정기간 내에 Scope 1, 2에 대서만 그 인증을 요구할 계획을 밝혔다.

상기 내용을 볼 때, 인증범위는 지속가능성 공시범위와 밀접한 관계가 있는 것으로 파악된다. 공시범위와 관련하여 한국에서 제일 논의가 많이 진행되고 있는 것이 Scope 3에 관한 공시인데, 국

---

[30] 이상호 외, 「ESG 공시체계 선진화를 위한 제언」, 『국제회계연구』 제109집, 2023, 73쪽.

내 기업들이 Scope 3을 산정하는 과정에 과도한 비용과 노력이 소요된다는 주장을 내세우면서 Scope 3에 대한 공시 확대 유예를 금융위원회에 요구한 바 있다.[31] 지속가능성 공시 제도의 주체는 기업이므로, 제도의 원활한 진행을 위해서는 기업 역량 등 국내 현실을 감안하여 규제당국에서 합리적인 판단을 내려야 한다고 본다. 따라서 국제기준에 부합해야 하는 국제적 정합성과 기업에 줄 수 있는 부담을 고려하여, 한국에서도 제3자 인증을 도입하고자 할 경우, 우선 Scope 1, 2에 대한 공시 의무화를 고려할 수 있고 나아가 일정기간 내에 Scope 1, 2에 대해서만 그 인증을 요구하는 방안을 고려해볼 수 있다. 그 후 점차 인증범위를 확대하여 Scope 3 나아가 지속가능성 보고서에 대한 제3자 인증을 완료하는 방식으로 기업의 부담을 경감할 수 있는지를 고려해 볼 필요가 있을 것이다.

2. 인증자격

지속가능성 공시 정보의 신뢰성을 제고하여 이해관계자의 지속가능성 관련 의사결정에 도움을 주기 위해서는 일정한 자격을 갖춘 자만이 제3자 인증을 진행할 수 있도록 해야 한다.

EU의 경우, 법정감사인 statutory auditor이 지속가능성 인증업무를 수행하기 위해서는 EU 외부감사지침(2006/43/EC)[32]에 따른 교육을 이수하는 등 세부 요건을 충족해야 하고,[33] 회원국에서 시행한 시

---

[31] 서울경제, "'통일된 기준 없고 과도한 비용 소요' 기업, 스코프 3 공시 유예 요구", 2024. 09. 19. 자 보도자료.
[32] Directive 2006/43/EC of the European Parliament and of the Council of 17 May 2006 on statutory audits of annual accounts and consolidated accounts, amending Council Directives 78/660/EEC and 83/349/EEC and repealing Council Directive 84/253/EEC.

험을 통과하고 최소한 8개월 동안의 지속가능성 보고서에 대한 인증 또는 기타 지속가능성 관련 서비스에 대한 실무교육을 받도록 하고 있다. 미국에서는 인증서비스제공자에 대해 중요한 경험과 독립성을 갖출 것을 요구하고 있다.[34]

대만의 경우, 지속가능성 지표에 대해 제3자 인증을 진행하는 회계사에 대해 2년 이상의 실무경험, 최근 2년 내에 일정기간의 교육을 받아야 하는 자격조건을 요구하는데, 회계법인에 대해서는 상술한 자격조건 외에도 지속가능성 부문을 2년 이상 설치하고 품질관리통제제도를 건립할 것을 요구하고 있다. 온실가스에 대해 제3자 인증을 진행하는 경우, 대만 환경보호처의 합격등록자일 것을 요구하고 있다.

한국에서 지속가능성 인증인 자격제도를 운영하기 위해서는 이상의 입법례를 참고하여, 인증제공자의 실무경험을 중시하되, 회계법인에만 국한하지 말고 온실가스 인증 관련 전문기관을 적극적으로 활용하는 방안을 고려해볼 수 있다. 이를 위해서는 지속가능성 정보와 관련된 인증제공자의 인가는 금융위원회 등이 담당하고, 온실가스 인증 관련 전문기관의 인가는 환경부에서 담당하도록 하는 것이 적절해 보인다.

3. 인증수준

마지막으로, 제3자 인증을 통하여 '제한적 확신'을 제공할 것인

---

[33] CSRD에 따라 개정된 EU 외부감사지침(2006/43/EC) Article 6, 8, 10 및 14.
[34] 전규안 외, 「글로벌 ESG 인증제도 현황과 시사점」, 『회계저널』 제33권 제1호, 2024, 109쪽.

지 아니면 '합리적 확신'을 제공할 것인지도 고려해야 한다.

앞서 살펴본 바와 같이, 대만은 인증수준에 대해 명시하고 있지 않지만 현재 제3자 인증을 의무화하는 정책을 공표한 해외 주요국들은 대체적으로 '제한적 확신' 수준에서 '중대한 위반 사항이 발견되지 않았다'와 같은 소극적 확신 형태의 의견표명을 요구하고 있으며, 점차 내부 통제와 실질 테스트 등 보다 광범위한 절차를 요구하는 '합리적 확신' 수준으로 확대하는 상황이다.[35·]

한국에서도 EU처럼 지속가능성 보고서 전반에 대하여 인증을 받도록 할지, 아니면 미국처럼 Scope1, 2와 같은 핵심제표에 대해서만 인증을 받도록 할지는 국내 현실을 고려한 정책적인 판단이 필요하지만 인증수준과 관련하여서는 '제한적 인증'으로부터 '합리적 인증'으로 점진적으로 상향하는 것이 적절하다고 생각된다.

〈표 21〉은 이상의 내용을 요약 및 정리한다.

〈표 21〉 해외 제3자 인증제도 요약표

주제	현황
인증범위	• 대만: ① 식품공업, 화학공업과 금융보험업에 종사하는 업자 및 요식업 수입이 전체 영업수입의 100분의 50 이상을 차지하는 업자에 대해 해당 소속 산업의 지속가능성 지표에 대해 제3자 인증을 요구; ② 현재로서는 강철공업, 시멘트공업과 납입자본금이 신대만폐 100억 위안 이상에 달하는 업자에 대해 Scope 1, 2 배출량의 제3자 인증을 요구하고 있지만, 그 범위를 단계적으로 확대하여 2028년부터는 모든 상장·상궤회사에 대해 Scope 1, 2 배출량의 제3자 인증을 요구. • EU: 지속가능성 보고서 전체에 대한 인증 의무화 • 일본(검토 중), 미국: Scope 1, 2 배출량에 대해서만 인증 의무화

35· 이상호 외, 앞의 논문, 72쪽.

인증기준	• 대만: ① 지속가능성 지표는 ISAE 3000에 의거하거나 중화민국 회계연구발전기금회에서 발표한 인증준칙 3000호에 의거; ② 온실가스는 ISAE 3410에 의거하거나 ISO 14064-3에 의거 • EU, 미국: 명시적인 규정 없음
인증인 자격	• 대만: 실무경력 요구 및 실무교육조건 • EU: 관련 시험 통과 및 실무교육조건 • 미국: 중요한 경험, 독립성 요건
인증수준	• 대만: 명시적 수준 없음 • 일본(검토중), EU, 미국: 제한적 확신부터 시작하여 합리적 확신으로 강화

07
결론

 이상과 같이, 본 논문에서는 동아시아 주요 시장의 지속가능성 공시 법제도에 대해 살펴보았다.

 ESG 관련 논의가 전 세계적으로 급속히 확산되는 지금 상황을 감안하면 지속가능성 공시 기준을 확립하는 것은 필요불가결하다. 앞서 서술한 바와 같이, 동아시아의 상황을 살펴볼 때, 일본, 중국과 대만은 모두 통일된 규제 없이 자체의 지속가능성 공시 의무화를 추진하고 있는데, 그 시점과 방식에는 모두 차이를 보이고 있다. 일본의 경우, 지금까지 진전되어 온 기업의 정보 공시를 토대로 투자자들이 중시하는 중장기적 지속가능성 정보 공시를 제도적으로 활성화하고, 기업과 국내외의 투자자와의 소통을 강화하려는 데 그 목적이 있고, 따라서 법정공시 서류인 유가증권보고서에 지속가능성 정보 공시를 의무화하였다. 중국의 경우, 생태문명건설이 국가 발전을 위한 장기 전략으로 부상하면서 기업의 지속가능성 정보 공시를 적극적으로 추진하기 시작하였고 다만 기업들의 발전단계와 공시능력을 고려하여 거래소 공시를 선택한 것으로 보인다. 대만의 경우, 규제 당국에서는 당시 국제적으로 가이드라인 등 연성법적인 방식으로 지속가능성 보고서의 공시에 접근한 추세에 따라 거래소 공시로 지속가능성 공시 제도를 도입하였지만, 그 후 '불량 식용유' 등 식품 안전사고가 빈발함에 따라 식품 공업 등 특정 산업에 대해서만 지속가능성 보고서의 공시와 제3자 인증을 강제적으로 요구하는 모습을 볼 수 있다.

한국의 경우, KSSB에 의해 ISSB 공시기준을 토대로 한 한국판 지속가능성 공시 기준의 공개 초안을 발표한 바 있었지만 이해관계자가 제일 관심하고 있는 '형식과 규제'에 대해서는 언급이 없어 대책 마련이 시급한 상황이다. 한국에서도 일본과 같이 법정공시로 지속가능성 공시 제도를 도입하는 경우, 투자자가 필요로 하는 정보인 재무정보와 지속가능성 정보를 통합적으로 제공하고, 기존 법령에서 규정하고 있는 투자자 보호 수단이 적용되는 이점 있지만, 동시에 지속가능성 정보에 대한 허위기재 등 법적 책임을 물을 수 있다는 점을 우려하여 기업의 공시자세가 위축될 수 있어 면책조항의 재정비가 필요할 것이다. 중국 및 대만과 같이 거래소 공시를 선택하는 경우, 법정 공시보다 기업들의 부담을 경감한 이점이 있지만, 거래소 규정에 의거하므로 법적 근거가 부재하여 법적 책임 모호하다는 점, 현재의 거래소 공시 책임으로 공시 정보의 신뢰성을 담보하기 어려운 점, 전 세계적으로 지속가능성 공시 제도에 대한 법제화가 명확한 추세이므로 거래소 공시는 국제적 정합성이 결여하다는 점이 제기되고 있다. 이에 본 논문은 동아시아 기타 시장들과의 비교법적 고찰을 통해 법정공시로 지속가능성 공시 제도를 도입하되 고의에 의한 경우를 제외하고는 법적책임을 면제하는 방안을 제시하였다. 또한 지속가능성 정보의 정확성을 담보하기 위해 인증 제도를 함께 도입할 것을 제안하여 지속가능성 정보에 대해서는 공시, 인증, 평가로 이어지는 법제도가 적절하게 구축될 것을 기대한다.

지속가능성 공시 제도의 도입방안에 대한 선택은 정확한 답이 있는 문제가 아니다. 지속가능성 정보의 특성상 해석과 가치판단에 이해관계자 간 매우 다양한 선호 체계가 존재하며, 현재까지 그 의무 공시 효과에 대해서도 실증연구가 많지 않다. 따라서 해당 제도를 도입함에 있어서 어떠한 형식과 규제를 취하는지는 입법자의 선택이라 본다. 모쪼록 이상의 논의를 참고하여 향후 한국에서 자국의 실정에 입각하여 국제 정합성과 기업 수용성을 균형감 있게 고려한 지속가능성 공시 법제도가 수립되기를 바란다.

부록*

Ⅰ. 일본

1. 금융상품거래법

(1) 제5조 제1항

第5条 (有価証券届出書の提出)	제5조 (유가증권신고서의 제출)
前条第1項から第3項までの規定による有価証券の募集又は売出し(特定有価証券(その投資者の投資判断に重要な影響を及ぼす情報がその発行者が行う資産の運用その他これに類似する事業に関する情報である有価証券として政令で定めるものをいう。以下この項、第5項、第10項及び第11項、第7条第4項、第24条並びに第24条の7第1項において同じ。)に係る有価証券の募集及び売出しを除く。以下この項及び次項において同じ。)に係る届出をしようとする発行者は、その者が会社(外国会社を含む。第50条の2第9項、第66条の40第5項及び第156条の3第2項第3号を除き、以下同じ。)である場合(当該有価証券(特定有価証券を除く。以下この項から第4項までにおい	제4조 제1항부터 제3항까지에 따른 유가증권의 모집 또는 판매[특정유가증권(그 투자자의 투자판단에 중요한 영향을 미치는 정보가 그 발행자의 자산 운용, 그밖에 이와 유사한 사업에 관한 정보인 유가증권으로서 정령으로 정한 것을 말한다. 이하 본 항, 제5항, 제10항 및 제11항, 제7조 제4항, 제24조 및 제24조의 7 제1항에서도 같다]과 관련된 유가증권의 모집 및 판매를 제외한다. 이하 본 항 및 제2항에서도 같다]와 관련된 신고를 행하려는 발행자는 그 자가 회사(외국 회사를 포함한다. 제50조의 2 제9항, 제66조의 40 제5항 및 제156조의 3 제2항 제3호를 제외하고 이하 같다.)인 경우, [해당 유가증권(특정 유가증권을 제외한다. 이하 본 항부터 제4항까지

---

* 이 책과 관련한 법조문 및 가이드라인 내용이다.

て同じ。)の発行により会社を設立する場合を含む。)においては、内閣府令で定めるところにより、次に掲げる事項を記載した届出書を内閣総理大臣に提出しなければならない。ただし、当該有価証券の発行価格の決定前に募集をする必要がある場合その他の内閣府令で定める場合には、第1号のうち発行価格その他の内閣府令で定める事項を記載しないで提出することができる。 一 当該募集又は売出しに関する事項 二 当該会社の商号、当該会社の属する企業集団(当該会社及び当該会社が他の会社の議決権の過半数を所有していることその他の当該会社と密接な関係を有する者として内閣府令で定める要件に該当する者(内閣府令で定める会社その他の団体に限る。)の集団をいう。以下同じ。)及び当該会社の経理の状況その他事業の内容に関する重要な事項その他の公益又は投資者保護のため必要かつ適当なものとして内閣府令で定める事項	같다])의 발행으로 회사를 설립하는 경우를 포함한다]의 발행으로 회사를 설립하는 경우를 포함한다]에는 내각부령으로 정하는 경우에 다음과 같은 사항을 신고서에 기재하여 내각총리대신에게 제출해야 한다. 다만, 해당 유가증권의 발행가격이 결정되기 전, 모집할 필요가 있거나 내각부령으로 정하는 기타 경우, 제1호 중 발행가격, 그 밖의 내각부령으로 정하는 사항을 기재하지 아니하고 제출할 수 있다. 1. 해당 모집 또는 판매에 관한 사항 2. 해당 회사의 상호, 해당 회사가 속한 기업집단[해당 회사 및 해당 회사가 다른 회사 의결권의 과반수를 소유, 그 밖의 해당 회사와 밀접한 관계를 가진 자로서 내각부령으로 정하는 요건에 해당하는 자(내각부령으로 정하는 회사, 그 밖의 단체로 한정한다)의 집단을 말한다. 이하 같다] 및 해당 회사의 재무상황, 그 밖의 사업 내용에 관한 중요 사항, 그 밖의 공익 또는 투자자보호를 위하여 필요하고 적절한 것으로서 내각부령으로 정하는 사항

(2) 제9조 제1항

第9条	제9조
内閣総理大臣は、第5条第1項及び第13項若しくは第7条第1項の規定による届出書類に形式上の不備があり、又はその書類に記載すべき重要な事項の記載が不十分であると認めるときは、届出者に対し、訂正届出書の提出を命ずることができる。この場合においては、行政手続法第13条第1項の規定による意見陳述のための手続の区分にかかわらず、聴聞を行わなければならない。	내각총리대신은 제5조 제1항 및 제13항 혹은 제7조 제1항의 규정에 의한 제출서류에 형식상 불비가 있거나 해당 서류에 기재해야 하는 중요한 사항에 대한 기재가 불충분하다고 인정되는 경우, 제출자에 대해 정정신고서의 제출을 명할 수 있다. 이러한 경우에 대해, 행정수속법 제13조 제1항의 규정에 의한 의견진술을 위한 절차를 불문하고 청문을 진행해야 한다.

(3) 제10조 제1항

第10条	제10조
内閣総理大臣は、有価証券届出書のうちに重要な事項について虚偽の記載があり、又は記載すべき重要な事項若しくは誤解を生じさ	내각총리대신은 유가증권신고서 중 중요한 사항에 대해 허위기재가 있거나 기재해야 하는 중요한 사항 혹은 오해를 유발하지 않기

せないために必要な重要な事実の記載が欠けていることを発見したときは、いつでも、届出者に対し、訂正届出書の提出を命じ、必要があると認めるときは、第4条第1項から第3項までの規定による届出の効力の停止を命ずることができる。この場合においては、行政手続法第13条第1項の規定による意見陳述のための手続の区分にかかわらず、聴聞を行わなければならない。	위해 기재해야 하는 중요한 사실에 대해 기재하지 않는 경우, 신고자에 대해 정정신고서의 제출을 명하고, 필요하다고 인정하는 경우 제4조 제1항 내지 제3항의 규정에 의한 신고 효력의 정지를 명할 수 있다. 이 경우, 행정수속법 제13조 제1항의 규정에 의한 의견진술을 위한 절차의 구분에 관계없이 청문을 진행해야 한다.

(4) 제18조

第18条	제18조
有価証券届出書のうちに、重要な事項について虚偽の記載があり、又は記載すべき重要な事項若しくは誤解を生じさせないために必要な重要な事実の記載が欠けているときは、当該有価証券届出書の届出者は、当該有価証券を当該募集又は売出しに応じて取得した者に対し、損害賠償の責めに任ずる。ただし、当該有価証券を取得した者がその取得の際の申込みの際記載が虚偽であり、又は欠けていることを知っていたときは、この限りでない。	유가증권신고서 중 중요한 사항에 대하여 허위의 기재가 있거나 기재해야 하는 중요한 사항 또는 오해를 유발하지 않기 위해 필요한 중요한 사실의 기재가 결여한 경우, 해당 유가증권신고서의 신고자는 모집 또는 판매를 통해 유가증권을 취득한 자에 대해 손해배상책임을 부담해야 한다. 다만, 해당 유가증권을 취득한 자가 취득 시 허위기재가 있거나 중요한 사항의 누락사실을 알고 있었을 때에는 그 책임을 면한다.

(5) 제21조

第21条	제21조
有価証券届出書のうちに重要な事項について虚偽の記載があり、又は記載すべき重要な事項若しくは誤解を生じさせないために必要な重要な事実の記載が欠けているときは、次に掲げる者は、当該有価証券を募集又は売出しに応じて取得した者に対し、記載が虚偽であり又は欠けていることにより生じた損害を賠償する責めに任ずる。ただし、当該有価証券を取得した者がその取得の申込みの際記載が虚偽であり、又は欠けていることを知っていたときは、この限りでない。 一 当該有価証券届出書を提出した会社のその提出の時における役員(取締役、会計参与、監査役若しくは執行役又はこれらに	유가증권신고서 중 중요한 사항에 대해 허위의 기재가 있거나 기재해야 하는 중요한 사항 또는 오해를 유발하지 않기 위해 필요한 중요한 사실의 기재가 결여되었을 때에는 다음에 열거하는 자는 해당 유가증권을 모집 또는 판매로 인해 취득한 자에 대해 기재가 허위거나 결여되어 발생한 손해를 발생한 손해에 대해 배상할 책임을 부담한다. 다만, 해당 유가증권을 취득한 자가 그 취득신청 시 기재가 허위거나 누락되었다는 사실을 알고 있었을 때에는 예외로 한다. 1. 해당 유가증권신고서를 제출 시 회사의 임원(이사, 회계, 감사 또는 이에 준하는 자를 가리킨다. 제163조 내지 제167조를 제

準ずる者をいう。第163条から第167条までを除き、以下同じ。)又は当該会社の発起人(その提出が会社の成立前にされたときに限る)	외하고 이하 동일하다) 또는 해당 회사의 발기인(그 제출이 회사의 성립 전에 이루어진 경우에 한함);
二 当該売出しに係る有価証券の所有者(その者が当該有価証券を所有している者からその売出しをすることを内容とする契約によりこれを取得した場合には、当該契約の相手方)	2. 해당 판매와 관련된 유가증권의 소유자(그 자가 해당 유가증권을 소유하고 있는 자로부터 구매한 것을 내용으로 하는 계약에 따라 취득한 경우, 해당 계약의 상대방);
三 当該有価証券届出書に係る第193条の2第1項に規定する監査証明において、当該監査証明に係る書類について記載が虚偽であり又は欠けているものを虚偽でなく又は欠けていないものとして証明した公認会計士又は監査法人	3. 해당 유가증권신고서와 관련된 제193조의2 제1항에서 규정된 감사증명에서 해당 감사증명과 관련된 서류에 기재가 허위이거나 결여한 것을 허위 또는 결여하지 않는 것으로 증명한 공인회계사 또는 감사법인;
四 当該募集に係る有価証券の発行者又は第2号に掲げる者のいずれかと元引受契約を締結した金融商品取引業者又は登録金融機関	4. 해당 모집과 관련된 유가증권 발행자 또는 제2호에 열거된 자 중 어느 하나에 부합되는 자와 인수계약을 체결한 금융상품거래업자 또는 등록금융기관.

(6) 제21조의 2

第21条の2	제21조의 2
第25条第1項各号(第5号及び第9号を除く。)に掲げる書類(以下この条において「書類」という。)のうちに、重要な事項について虚偽の記載があり、又は記載すべき重要な事項若しくは誤解を生じさせないために必要な重要な事実の記載が欠けているときは、当該書類の提出者は、当該書類が同項の規定により公衆の縦覧に供されている間に当該書類(同項第12号に掲げる書類を除く。)の提出者又は当該書類(同号に掲げる書類に限る。)の提出者を親会社等(第24条の7第1項に規定する親会社等をいう。)とする者が発行者である有価証券を募集若しくは売出しによらないで取得した者又は処分した者に対し、第19条第1項の規定の例により算出した額を超えない限度において、記載が虚偽であり、又は欠けていること(以下この条において「虚偽記載等」という。)により生じた損害を賠償する責めに任ずる。ただし、当該有価証券を取得した者又は処分した者がその取得又は処分の際虚偽記載等を知っていたときは、この限りでない。	제25조 제1항 각 호(제5호 및 제9호를 제외한다) 에서 열거된 서류(이하 본 조에서 '서류'라 한다) 중 중요한 사항에 대해 허위의 기재가 있거나 기재해야 하는 중요한 사실 또는 오해를 유발하지 않기 위해 기재해야 하는 필요한 중요한 사실의 기재가 결여한 경우, 해당 서류의 제출자는 서류가 동 항의 규정에 의한 공중에게 열람하도록 제공하는 기간 내에 해당 서류(동 항 제12호에 열거한 서류를 제외)의 제출자 또는 해당 서류(동 호에 열거한 서류에 제한된다)의 제출자를 모회사 등(제24조의 7 제1항에 규정된 모회사 등을 가리킨다)을 발행자로 하는 유가증권을 모집 또는 판매에 의하지 않고 취득한 자 또는 처분한 자에 대해 제19조 제1항의 규정의 예에 따라 산출한 금액을 초과하지 않는 한도에서 기재가 허위적이거나 누락된 사실(이하 '허위 기재 등'이라 한다)로 인해, 해당 유가증권을 취득한 자 또는 처분한 자가 그 취득 또는 처분 시 허위기재 등을 알고 있었을 때에는 예외로 한다.

(7) 제22조

第22条	제22조
1 有価証券届出書のうちに重要な事項について虚偽の記載があり、又は記載すべき重要な事項若しくは誤解を生じさせないために必要な重要な事実の記載が欠けているときは、第21条第1項第1号及び第3号に掲げる者は、当該記載が虚偽であり、又は欠けていることを知らないで、当該有価証券届出書の届出者が発行者である有価証券を募集若しくは売出しによらないで取得した者又は処分した者に対し、記載が虚偽であり、又は欠けていることにより生じた損害を賠償する責めに任ずる。 2 第21条第2項第1号及び第2号の規定は、前項に規定する賠償の責めに任ずべき者について準用する。	1. 유가증권신고서 중 중요한 사항에 대해 허위의 기재가 있거나, 기재해야 하는 중요한 사항 또는 오해를 유발하지 않기 위해 필요되는 중요한 사실의 기재가 결여한 경우, 제21조 제1항 제1호 및 제3호에서 열거한 자는 해당 기재가 허위가 있고 결여한 사실을 알고 있었을 때에는 해당 유가증권신고서의 신고자가 발행자로 되는 유가증권을 모집 또는 매출에 의하지 않고 취득하거나 처분한 자에 대해 허위기재 또는 중요한 사실의 기재가 결여되어 발생한 손해를 배상할 책임을 부담한다. 2. 제21조 제2항 제1호 및 제2호의 규정은 전 항에서 규정한 손해배상책임을 부담한 자에 준용한다.

(8) 제24조 제1항

第24条 (有価証券報告書の提出)	제24조 (유가증권보고서의 제출)
有価証券の発行者である会社は、その会社が発行者である有価証券(特定有価証券を除く。次の各号を除き、以下この条において同じ。)が次に掲げる有価証券のいずれかに該当する場合には、内閣府令で定めるところにより、事業年度ごとに、当該会社の商号、当該会社の属する企業集団及び当該会社の経理の状況その他事業の内容に関する重要な事項その他の公益又は投資者保護のため必要かつ適当なものとして内閣府令で定める事項を記載した報告書(以下「有価証券報告書」という。)を、内国会社にあつては当該事業年度経過後3月以内(やむを得ない理由により当該期間内に提出できないと認められる場合には、内閣府令で定めるところにより、あらかじめ内閣総理大臣の承認を受けた期間内)、外国会社にあつては公益又は投資者保護のため必要かつ適当なものとして政令で定める期間内に、内閣総理大臣に提出しなければならない。…… 一 金融商品取引所に上場されている有価証券(特定上場有価証券を除く。) 二 流通状況が前号に掲げる有価証券に準ず	유가증권의 발행인인 회사는 해당 회사가 발행자로 되는 유가증권(특정 유가증권 및 다음 각 호를 제외하고, 이하 본 조에서는 같다)에 대해 다음과 같이 열거한 유가증권 중의 하나에 해당하는 경우, 내각부령으로 정하는 바에 따라 사업연도별로 해당 회사의 상호, 소속되어 있는 기업집단 및 해당 회사 경리의 상황, 기타 사업의 내용에 관한 중요한 사항, 기타 공익 또는 투자자보호를 위해 필요하고 적당한 것으로서 내각부령으로 정하는 사항을 기재한 보고서(이하 '유가증권보고서')를 내국회사의 경우, 해당 사업연도 경 후 3개월 이내 (부득이한 이유로 해당 기간에 제출할 수 없다고 인정되는 경우에는 내각부령으로 정하는 바에 따라 미리 내각총리대신의 승인을 받은 기간이내), 외국회사의 경우, 공익 또는 투자자보호를 위해 필요하고 적당한 것으로서 정령으로 정하는 기간 내에 내각총리대신에게 제출해야 한다.…… 1. 금융상품거래소에서 상장되어 있는 유가증권(특정 유가증권을 제외) 2. 유통 상황이 전호에 열거된 유가증권에 준

るものとして政令で定める有価証券(流通状況が特定上場有価証券に準ずるものとして政令で定める有価証券を除く。) 三 その募集又は売出しにつき第4条第1項本文、第2項本文若しくは第3項本文又は第23条の8第1項本文若しくは第2項の規定の適用を受けた有価証券(前二号に掲げるものを除く。) 四 当該会社が発行する有価証券(株券、第2条第2項の規定により有価証券とみなされる有価証券投資事業権利等及び電子記録移転権利その他の政令で定める有価証券に限る。)で、当該事業年度又は当該事業年度の開始の日前4年以内に開始した事業年度のいずれかの末日におけるその所有者の数が政令で定める数以上(当該有価証券が同項の規定により有価証券とみなされる有価証券投資事業権利等又は電子記録移転権利である場合にあっては、当該事業年度の末日におけるその所有者の数が政令で定める数以上)であるもの(前三号に掲げるものを除く。)	하는 것으로서 정령으로 정하는 유가증권(유통 상황이 특정 상장 유가증권에 준하는 것으로서 정령으로 정하는 유가증권을 제외) 3. 그 모집 또는 판매에 대하여 제4조 제1항, 제2항, 제3항 및 제23조의8 제1항, 제2항이 적용을 받는 유가증권(제2호에서 열거된 것을 제외) 4. 해당 회사가 발행한 유가증권(주권, 제2조 제2항의 규정에 의해 유가증권 투자자사업권리 등 전자기록이전권리 기타 정령으로 정하는 유가증권에 제한된다)으로써 해당 사업연도 또는 사업연도의 시작 일 전 4년 이내에 시작된 사업연도 중 말일에 소유자의 수가 정령에서 정한 수 이상(해당 유가증권이 동항의 규정에 의해 유가증권으로 간주되는 유가증권투자사업권리 또는 전자기록이전권리인 경우에 해당 사업연도의 말일에 그 소유자의 수가 정령으로 정하는 수 이상)인 것.

(9) 제26조

第26条 1 内閣総理大臣は、公益又は投資者保護のため必要かつ適当であると認めるときは、縦覧書類を提出した者若しくは提出すべきであると認められる者若しくは有価証券の引受人その他の関係者若しくは参考人に対し参考となるべき報告若しくは資料の提出を命じ、又は当該職員をしてその者の帳簿書類その他の物件を検査させることができる。 2 内閣総理大臣は、前項の規定による報告若しくは資料の提出の命令又は検査に関して必要があると認めるときは、公務所又は公私の団体に照会して必要な事項の報告を求めることができる。	제26조 1. 내각총리대신은 공익 또는 투자자 보호를 위하여 필요하다고 인정되는 때에는 열람서류를 제출한 자 또는 제출해야 한다고 인정되는 자, 유가증권의 인수인, 기타 관계자 또는 참고인에 대해 참고로 되는 보고서 또는 자료의 제출을 명하거나 해당 직원에 대해 장부서류 혹은 기타 물건에 대해 검사를 진행할 수 있다. 2. 내각총리대신은 전 항의 규정에 따른 보고서 혹은 자료의 제출 명령 또는 검사에 관하여 필요하다고 인정되는 경우, 공무소 혹은 공사단체에 문의하여 필요한 사항의 보고를 요구할 수 있다.

(10) 제172조의 4

第172条の4	제172조의 4
発行者が,重要な事項につき虚偽の記載があり,又は記載すべき重要な事項の記載が欠けている有価証券報告書等(第24条第1項若しくは第3項(これらの規定を同条第5項において準用し,及びこれらの規定を第27条において準用する場合を含む。)及び第24条第6項(第27条において準用する場合を含む。)の規定による有価証券報告書及びその添付書類又は第24条の2第1項(第27条において準用する場合を含む。)において準用する第7条第1項,第9条第1項若しくは第10条第1項の規定による訂正報告書をいう。以下この章において同じ。)を提出したときは,内閣総理大臣は,次節に定める手続に従い,当該発行者に対し,第1号に掲げる額(第2号に掲げる額が第1号に掲げる額を超える場合には,第2号に掲げる額)に相当する額の課徴金を国庫に納付することを命じなければならない。ただし,発行者の事業年度が1年である場合以外の場合においては,当該額に当該事業年度の月数を十二で除して得た数を乗じて得た額に相当する額の課徴金を国庫に納付することを命じなければならない。	발행자가 중요한 사항에 대해 허위적으로 기재하거나 기재해야 하는 중요한 사항의 기재가 결여한 유가증권보고서 등[제24조 제1항 혹은 제3항(상술한 규정을 동 조 제5항에 준용하고 또한 제27조에 준용하는 경우를 포함) 및 제24조 제6항 (제27조에 준용하는 경우를 포함)의 규정에 의한 유가증권보고서 및 이의 첨부서류 혹은 제24조의 2 제1항(제27조에 준용하는 경우를 포함)에 준용하는 제7조 제1항, 제9조 제1항 혹은 제10조 제1항의 규정에 의한 정정보고서를 가리킨다. 이하 본 장에서 모두 동일하다]를 제출하는 경우, 내각총리대신은 다음 절에서 정하는 수속에 따라 해당 발행자에 대해 제1호에서 정하는 금액(제2호에서 정하는 금액이 제1호에서 정하는 금액을 초과하는 경우, 제2호에서 정하는 금액으로 계산한다)에 상당하는 금액의 과징금을 국고에 납부할 것을 명령해야 한다. 다만 발행자의 사업연도가 1년인 경우를 제외한 기타 경우에는 해당 금액에 해당 사업연도의 월수를 12로 나누어 얻은 수를 곱하여 얻은 금액만큼 국고에 납부하여야 한다.

(11) 제197조 제1항

第197条	제197조
次の各号のいずれかに該当する者は,10年以下の懲役若しくは1000万円以下の罰金に処し,又はこれを併科する。 一 第5条(第27条において準用する場合を含む。)の規定による届出書類(第5条第4項の規定の適用を受ける届出書の場合には,当該届出書に係る参照書類を含む。),第7条第1項,第9条第1項若しくは第10条第1項(これらの規定を第27条において準用する場合を含む。)の規定による訂正届出書(当該訂正届出書に係る参照書類を含む。),第23条の3第1項及び第2項(これらの規定を第27条において準用する場合を含む。)の規定による発行登録書	다음 각 호 중 하나에 해당하는 자는 10년 이하의 징역 또는 100만엔 이하의 벌금에 처하거나 이를 병과한다. 1. 제5조(제27조에서 준용하는 경우를 포함)의 규정에 의한 신고서류(제5조 제4항의 규정을 적용하는 신고의 경우에는 해당 신고서와 관련된 참조서류를 포함), 제7조 제1항, 제9조 제1항 혹은 제10조 제1항(상술한 규정을 제27조에 준용하는 경우를 포함)의 규정에 의한 정정신고서(해당 정정신고서와 관련된 참조서류를 포함), 제23조의 3 제1항 및 제2항(상술한 규정을 제27조에 준용하는 경우를 포함)의 규정에

(当該発行登録書に係る参照書類を含む。)及びその添付書類、第23条の4、第23条の9第1項若しくは第23条の10第1項の規定若しくは同条第5項において準用する同条第1項(これらの規定を第27条において準用する場合を含む。)の規定による訂正発行登録書(当該訂正発行登録書に係る参照書類を含む。)、第23条の8第1項及び第5項(これらの規定を第27条において準用する場合を含む。)の規定による発行登録追補書類(当該発行登録追補書類に係る参照書類を含む。)及びその添付書類又は第24条第1項若しくは第3項(これらの規定を第27条において準用する場合を含む。)及び第27条において準用する場合を含む。)若しくは第24条の2第1項(第27条において準用する場合を含む。)の規定による有価証券報告書若しくはその訂正報告書であつて、重要な事項につき虚偽の記載のあるものを提出した者	의한 정정발행등록서(해당 등록서와 관련된 참조서류를 포함) 및 이의 첨부서류, 제23조의 4, 제23조의 9 제1항, 제23조의 10 제1항, 동 조 제5항에 준용하는 동 조 제1항(상술한 규정을 제27조에 준용하는 경우를 포함)의 규정에 의한 정정발행등록서(해당 정정발행등록서에 관한 참조서류를 포함), 제23조의 8 제1항 및 제5항(상술한 규정을 제27조에 준용하는 경우를 포함)의 규정에 의한 발행등록보완서류(해당 발행등록보완서류에 관한 참조서류를 포함) 및 이의 첨부서류, 제24조 제1항 혹은 제3항[상술한 규정을 동조 제5항(제27조에 준용하는 경우를 포함) 및 제27조에 준용하는 경우를 포함] 혹은 제24조의 2 제1항(제27조에 준용하는 경우를 포함)의 규정에 의한 유가증권보고서 혹은 이의 정정보고서의 중요한 사항에 대해 허위기재한 것을 제출한 자.

(12) 제207조 제1항 제1호

第207条	제207조
法人(法人でない団体で代表者又は管理人の定めのあるものを含み、以下この項及び次項において同じ。)の代表者又は法人若しくは人の代理人、使用人その他の従業者が、その法人又は人の業務又は財産に関し、次の各号に掲げる規定の違反行為をしたときは、その行為者を罰するほか、その法人に対して当該各号に定める罰金刑を、その人に対して各本条の罰金刑を科する。 一 第197条 7億円以下の罰金刑	법인(법인이 아닌 단체의 형식으로 대표자 또는 관리인을 정한 것도 포함)의 대표자, 법인, 법인의 대리인, 사용인 및 기타 종업원이 그 법인 또는 개인의 업무 혹은 재산에 대해 다음 각 호에서 열거한 규정의 위반행위를 행하였을 경우, 그 행위자를 처벌하는 외에 그 법인에 대하여 이하 각 호에 정한 벌금형을, 그 개인에 대해 본 조에 따른 벌금형을 부과한다. 제197조 7억엔 이하의 벌금형

(13) 기업지배구조 코드 3-1 ③

上場会社は、経営戦略の開示に当たって、自社のサステナビリティについて の取組みを適切に開示すべきである。また、人的資本や知的財産への投資等についても、自社の経営戦略	상장회사는 경영전략의 공시에 있어서 자사의 지속가능성에 대한 대응을 적절히 공시해야 한다. 또한, 인적자본이나 지적 재산의 투자 등에 대해서도, 자사의 경영전략·경영과

·経営課題との整合性を意識しつつ分かりやすく具体的に情報を開示・提供すべきである。	제외의 정합성을 의식하면서 알기 쉽게 구체적으로 정보를 공시·제공해야 한다.
特に、プライム市場上場会社は、気候変動に係るリスク及び収益機会が自社 の事業活動や収益等に与える影響について、必要なデータの収集と分析を行い、国際的に確立された開示の枠組みであるTCFDまたはそれと同等の枠組 みに基づく開示の質と量の充実を進めるべきである。	특히, 프라임 시장 상장회사는 기후변화와 관련된 리스크 및 수익기회가 자사의 사업활동이나 수익 등에 미치는 영향에 대해 필요한 데이터의 수집과 분석을 실시하고, 국제적으로 확립된 프레임워크인 TCFD 또는 이와 동등한 틀에 근거한 공시의 질과 양의 내실화를 추진해야 한다.

Ⅱ. 중국

1. 각 증권거래소 가이드라인

(1) 제1조

第一条	제1조
为深入贯彻新发展理念,推动高质量发展,引导上市公司践行可持续发展理念,规范可持续发展相关信息披露, 上海证券交易所(以下简称本所)根据《中华人民共和国公司法》《中华人民共和国证券法》《上市公司信息披露管理办法》《上市公司治理准则》等法律,行政法规、部门规章,规范性文件(以下统称法律法规)和《上海证券交易所股票上市规则》《上海证券交易所科创板股票上市规则》等有关规定, 制定本指引。	새로운 발전이념을 관철, 고질량의 발전을 추동, 상장회사에 지속가능성 발전 이념을 이행하도록 인도, 지속가능성 발전 관련 정보 공시를 규범화하기 위해, 상해증권거래소(이하 '본 거래소')는 「중화인민공화국 회사법」, 「중화인민공화국 증권법」, 「상장회사 정보공시 관리방법」, 「상장회사 지배구조 준칙」등 법률, 행정법규, 부문규장, 규범성문건(이하 '법률법규'로 통칭), 「상해증권거래소 주식 상장규칙」및「상해 증권거래소 과창판 주식 상장규칙」등 관련 규정에 근거하여 본 가이드라인을 제정한다.
第一条	제1조
为了规范深圳证券交易所(以下简称本所)上市公司可持续发展相关信息披露,引导上市公司践行可持续发展理念,推动上市公司高质量发展, 根据《中华人民共和国公司法》《中华人民共和国证券法》《上市公司信息披露管理办法》《上市公司治理准则》等法律,行政法规,部门规章,规范性文件(以下统称法律法规)和《深圳证	선전증권거래소(이하 '본거래소')에서 상장하는 회사의 지속가능성 발전 관련 정보 공시를 규범화하고, 상장회사에서 지속가능성 발전 이념을 관철, 상장회사의 고질량 발전을 추동하기 위해, 「중화인민공화국 회사법」, 「중화인민공화국 증권법」, 「상장회사 정보 공시 관리방법」, 「상장회사 지배구조 준칙」등 법

券交易所股票上市规则》《深圳证券交易所创业板股票上市规则》等有关规定，制定本指引。	률, 행정법규, 부문규장, 규범성문서(이하 '법률법규'로 통칭)와 「선전 증권거래소 주식 상장규칙」, 「선전 증권거래소 과창판 주식 상장규칙」등 관련 규정에 따라 본 가이드라인을 제정한다.
第一条 为规范上市公司可持续发展相关信息披露, 引导上市公司践行可持续发展理念, 推动上市公司高质量发展, 根据《中华人民共和国公司法》《中华人民共和国证券法》《上市公司信息披露管理办法》等法律.部门规章.规范性文件(以下统称«法律法规»)和《北京证券交易所股票上市规则(试行)》等有关规定, 制定本指引。	**제1조** 상장회사의 지속가능성 발전 관련 정보 공시를 규범화하고, 상장회사에서 지속가능성 발전이념을 관철, 상장회사의 고질량 발전을 추동하기 위해 「중화인민공화국 회사법」, 「중화인민공화국 증권법」, 「상장회사 정보공시 관리방법」 등 법률, 부문규장, 규범성문서(이하 '법률법규'로 통칭)와 「북경 증권거래소 주식상장 규칙(시행)」등 관련 규정에 따라 본 가이드라인을 제정한다.

(2) 제3조

第三条 上证180指数.科创50指数样本公司以及境内外同时上市的公司应当按照本指引及本所相关规定披露《上市公司可持续发展报告》或者《上市公司环境.社会和公司治理报告》(以下统称《可持续发展报告》)。本所鼓励其他上市公司自愿披露《可持续发展报告》, 报告中涉及本指引规范内容的, 需与本指引的相关要求保持一致。	**제3조** 상해 180 지수 포함 기업, 과창판 50 지수 포함 기업 및 경내외에서 동시 상장하는 회사는 본 가이드라인 및 본 거래소의 관련 규정에 따라 '상장회사 지속가능성 보고서' 혹은 '상장회사 환경, 회사와 지배구조 보고서' (이하 '지속가능성 발전 보고서'로 통칭)를 공시해야 한다. 본 거래소는 기타 상장회사가 자발적으로 '지속가능성 발전 보고서'를 공시하는 것을 격려하고 보고서에 본 가이드라인의 내용을 포함하게 될 경우, 본 가이드라인의 관련 요구와 일치해야 한다.
前款所称指数样本公司是指在整个报告期内持续被纳入相关指数的公司。	전항에서 칭하는 지수 포함 기업은 전체 보고 기간에 지속적으로 관련 지수를 포함하는 기업을 가리킨다.
根据本指引应当披露和自愿披露《可持续发展报告》的上市公司以下统称披露主体。	본 가이드라인에 따라 '지속가능성 보고서'를 강제 공시하거나 자발적으로 공시하는 상장회사는 이하 공시주체라 통칭한다.
第三条 深证100指数.创业板指数样本公司以及境内外同时上市的公司应当按照本指引及本所相关规定披露《可持续发展报告》或者《上市公司环境.社会和公司治理报告》(以下统	**제3조** 선전100지수, 창업판 지수 포함 기업 및 경내외에서 동시에 상장하는 기업은 본 가이드라인 및 본 거래소의 관련 구정에 따라 「상장회사 지속가능성 발전 보고서」 혹은 「상장회사

称《可持续发展报告》)。	환경, 사회와 지배구조 보고서」(이하 '지속가능성 발전 보고서'으로 통칭)를 공시해야 한다.
本所鼓励其他上市公司自愿披露《可持续发展报告》, 报告中涉及本指引规范内容的, 需与本指引的相关要求保持一致。	본 거래소는 기타 상장회사에서 자발적으로 「지속가능성 발전 보고서」를 자발적으로 공시할 것을 격려하고, 보고서 중에서 본 가이드라인의 내용을 포함하게 될 경우, 본 가이드라인의 관련 요구와 일치해야 한다.
前款所称指数样本公司是指在整个报告期内持续被纳入相关指数的公司。	전항에서 칭하는 지수 포함 기업은 전체 보고기간에 지속적으로 관련 지수를 포함하는 기업을 가리킨다.
根据本指引应当披露和自愿披露《可持续发展报告》的上市公司以下统称披露主体。	본 가이드라인에 따라 '지속가능성 보고서'를 강제 공시하거나 자발적으로 공시하는 상장회사는 이하 공시주체라 통칭한다.
第三条 北交所上市公司可以按照本指引及本所相关规定自愿披露《上市公司可持续发展报告》或《上市公司环境、社会和公司治理报告》(以下统称为《可持续发展报告》), 报告中涉及本指引规范的内容规定范围的, 需与本指引的相关要求保持一致。	**제3조** 북경 증권거래소에서 상장하는 회사는 본 가이드라인 및 본 거래소의 관련 규정에 따라 '상장회사 지속가능성 보고서' 혹은 '상장회사 환경, 사회 및 회사지배구조 보고서'(이하 '지속가능성 보고서'로 통칭)를 자발적으로 공시하되, 보고서에서 본 가이드라인의 내용을 포함할 경우, 그 요구와 일치해야 한다.

(3) 제4조

第四条 披露主体应当在每个会计年度结束后4个月内按照本指引编制《可持续发展报告》, 经董事会审议通过后披露, 披露时间应当不早于年度报告。	**제4조** 공시주체는 매개 회계연도 종료 후 4개월 내에 본 가이드라인에 따라 지속가능성 보고서를 작성해야 하고 이사회의 심의를 거쳐 공시해야 한다. 또한 지속가능성 보고서의 공시는 연차보고서보다 우선되어서는 아니 된다.
《可持续发展报告》的报告主体和报告期间应当与年度报告保持一致。	지속가능성 보고서의 보고주체와 보고기간은 연차보고서와 일치해야 한다.

(4) 제5조

第五条	제5조
披露主体应当结合自身所处行业和经营业务的特点等情况, 在本指引设置的议题中识别每个议题是否预期在短期、中期和长期内对公司商业模式、业务运营、发展战略、财务状况、经营成果、现金流、融资方式及成本等产生重大影响(以下简称财务重要性), 以及企业在相应议题的表现是否会对经济、社会和环境产生重大影响(以下简称影响重要性), 并说明对议题重要性进行分析的过程。	공시주체는 자신이 처한 산업과 경영업무의 특점 등 상황을 결합하여 본 가이드라인에서 설치한 의제중에서 각 의제가 단기, 중기 혹은 장기적으로 회사의 상업모식, 업무운영, 발전전략, 재무상황, 경영성적, 현금흐름, 융자방식 및 성본 등에 대해 중대한 영향(이하 '재무 중요성'), 및 기업이 대응되는 의제에서의 표현이 경제, 사회, 환경에 중대한 영향을 미치는지(이하 '영향 중요성')를 식별하고 의제의 중요성에 대해 분석을 진행하는 과정을 설명해야 한다.
披露主体经识别认为本指引设置的议题对于其既不具有财务重要性, 也不具有影响重要性的, 应当按照本指引第七条的规定进行解释说明。	공시주체가 식별을 거쳐 본 가이드라인에서 설치한 의제가 재무 중요성과 영향 중요성을 갖고 있지 않는다고 판단하는 경우, 본 가이드라인 제7조의 규정에 따라 해석 및 설명을 진행해야 한다.
除本指引设置的议题外, 披露主体还应当结合所处行业特点、行业发展阶段、自身商业模式、所处价值链等情况, 识别并按照本指引的要求披露其他具有财务重要性或者影响重要性的议题。	본 가이드라인에서 설치한 의제 이외에도 공시주체는 자신이 처한 산업의 특점, 산업 발전단계, 상업형식, 가치체인 등 상황을 결합하여 본 가이드라인의 요구에 따라 기타 재무 중요성 혹은 영향 중요성을 갖는 의제를 식별해야 한다.

(5) 제11조

第十一条	제11조
本指引设置的议题以及披露主体根据本指引第五条第三款识别的议题, 对披露主体具有财务重要性的, 披露主体应当围绕下列四个方面核心内容以及本指引对有关具体议题的规定进行分析和披露:	본 가이드라인에서 설치한 의제 및 공시주체가 본 가이드라인 제5조 제3항에 근거하여 식별한 의제가 공시주체에 대해 재무 중요성을 갖는다고 판단되는 경우, 공시주체는 이하 4개 핵심내용에 따라 해당 의제에 대해 분석 및 공시해야 한다:
(一)治理, 即公司用于管理和监督可持续发展相关影响、风险和机遇的治理结构和内部制度;	1. 거버넌스, 즉 회사가 지속가능성 발전 관련 영향, 리스크 및 기회에 적용되는 거버넌스 구조 및 내부제도;
(二)战略, 即公司应对可持续发展相关影响、风险和机遇的规划、策略和方法;	2. 전략, 즉 회사가 지속가능성 발전 관련 영향, 리스크 및 기회에 대한 계획, 책략 및 방법;
(三)影响、风险和机遇管理, 即公司用于识别、	3. 영향, 리스크 및 기회관리, 즉 회사가 지속

评估,监测与管理可持续发展相关影响,风险和机遇的措施和流程; (四)指标与目标, 即公司用于计量、管理、监督、评价其应对可持续发展相关影响、风险和机遇的指标和目标。	가능성 발전과 관련된 영향, 리스크, 기회를 식별, 평가, 감측 및 관리함에 있어서의 조치와 과정; 4. 지표와 목표, 즉 회사가 지속가능성 발전 관련 영향, 리스크 및 기회를 계량, 관리, 감독, 평가함에 있어서의 지표와 목표.
本指引设置的议题及披露主体根据本指引第五条第三款识别的议题,对披露主体仅具有影响重要性的,披露主体应当按照本指引对具体议题的相关规定进行披露。本指引未规定的其他议题,披露主体应当按照本指引第十四条第三款的规定进行披露。	본 가이드라인에서 설치한 의제 및 공시주체가 본 가이드라인 제5조 제3항에 근거하여 식별한 의제가 공시주체에 대해 영향 중요성만 갖는 경우, 공시주체는 본 가이드라인에 따라 구체적인 의제의 관련 규정에 따라 공시해야 한다. 본 가이드라인에서 규정하지 않는 기타 의제에 대해서는 본 가이드라인 제14조 제3항의 규정에 근거하여 공시해야 한다.

(6) 제24조

第二十四条	제24조
披露主体应当核算并披露报告期内的温室气体排放总量,并将不同温室气体排放量换算成二氧化碳当量公吨数。披露主体应当披露温室气体范围1排放量、范围2排放量,鼓励有条件的披露主体披露温室气体范围3排放量。	공시주체는 보고기간 내 온실가스의 배출총량에 대해 계산하고 공시해야 한다. 또한 부동한 온실가스 배출량을 이산화탄소로 환산해야 하고 공시주체는 온실가스 스코프1 배출량, 스코프2 배출량을 공시해야 하고 스코프3 배출량의 공시에 대해서는 조건이 되는 공시주체에 대해 공시하도록 격려한다.
披露主体涉及使用碳信用额度的,应当披露所使用的碳信用额度的来源与数量,披露主体参与碳排放权交易的,应当披露报告期内是否完成清缴以及是否存在被有关部门要求整改或立案调查的情形。	공시주체가 탄소 신용평가 한도를 사용하는 경우, 이미 사용한 탄소 신용평가 한도의 원천과 수량을 공시해야 한다. 공시주체가 탄소 배출권 거래에 참여하는 경우, 보고기간 내에 관련 부문에서 시정을 요구하거나 조사하는 정황이 있었는지에 대해 공시해야 한다.
本所鼓励有条件的披露主体聘请第三方机构对公司温室气体排放等数据进行核查或鉴证。	본 거래소는 조건이 되는 공시주체가 제3자 기관을 요청하여 회사의 온실가스 배출량 등 데이터에 대해 검사 혹은 인증하는 것을 격려한다.

(7) 제58조

第五十八条	제58조
披露主体聘请第三方机构对《可持续发展报告》进行鉴证或审验的，应当披露该机构的独立性情况、与披露主体的关系、经验和资质、鉴证或审验报告。报告的内容包括但不限于鉴证或审验范围、依据的标准、主要程序、方法和局限性、意见或结论等。	공시주체가 제3자 기관을 요청하여 '지속가능성 발전 보고서'에 대해 인증 혹은 검사를 진행하는 경우, 해당 기관의 독립성 상황, 공시주체와의 관계, 경험과 자질, 인증 혹은 검사보고서를 공시해야 한다. 보고서의 내용은 인증 혹은 검사범위, 의거한 표준, 주요 절차, 방법과 국한성, 의견 혹은 결론을 포함하지만, 이에 국한하지 않는다.

(8) 제60조

第六十条	제60조
根据本所相关规定应当披露社会责任报告的上市公司，按照本指引规定披露或自愿披露《可持续发展报告》的，无需再披露社会责任报告。	본 거래소의 관련 규정에 따라 사회책임보고서를 발행해야 하는 상장회사가 본 가이드라인에 따라 '지속가능한 발전 보고서'를 공시하는 경우, 사회책임보고서를 별도로 공시하지 아니해도 된다.

(9) 제61조

第六十一条	제61조
披露主体违反本指引规定的，本所将视情况采取自律监管措施或者予以纪律处分。	공시주체가 본 가이드라인의 규정을 위반하는 경우, 거래소에 의한 자율감독관리 조치 혹은 규율처분을 받을 수 있다.

(10) 제63조

第六十三条	제63조
本指引自2024年5月1日起施行，并设置下列过渡期安排： (一)按照本指引规定应当披露《可持续发展报告》的上市公司应当在2026年4月30日前发布2025年度的《可持续发展报告》，上市公司应当按照本指引要求提前做好相关技术、数据和内部治理等工作安排；	본 가이드라인은 2024년 5월 1일부터 시행하고 이하와 같은 과도기간을 설치한다: 1. 해당 가이드라인의 규정에 따라 "지속가능성 발전 보고서"를 공시해야 하는 상장회사는 2026년 4월 30일전에 2025년도의 "지속가능성 발전 보고서"를 발행해야 하고, 상장회사는 본 가이드라인의 요구에 따

(二)本所鼓励上市公司提前适用本指引的规定披露2024年度《可持续发展报告》, 上市公司披露2024年度《可持续发展报告》的, 报告内容应当符合本指引的相关要求;	라 관련 기술, 데이터 및 내부 통제 등 사업계획을 완성해야 한다. 2. 본 거래소는 상장회사가 가이드라인의 관련 요구에 따라 2024년도의 "지속가능성 발전 보고서"를 공시할 것을 격려하고, 상장회사에서 2024년도의 "지속가능성 발전 보고서"를 공시함에 있어서 그 내용은 본 가이드라인의 관련 요구에 부합되어야 한다.
(三)披露主体适用本指引的首个报告期, 可以不披露相关指标的同比变化情况, 对于定量披露难度较大的指标, 可以进行定性披露并解释无法量化披露的原因, 前期已定量披露相关指标的除外。	3. 공시주체가 본 가이드라인을 적용하는 첫 보고기간에는 관련 지표의 전년도 대비 상황을 공시하지 아니할 수 있고, 정량 공시 난이도가 비교적 큰 지표에 대해서는 정성 공시를 진행할 수 있고 동시에 계량화할 수 없는 원인에 대해 해석해야 한다(이미 정량공시를 진행한 지표를 제외).

2. 《최고인민법원에서 증권시장에서의 허위진술 권리침해 민사배상 사건을 심리함에 있어서의 약간 규정 最高人民法院关于审理证券市场虚假陈述侵权民事赔偿案件的若干规定》 제6조

第六条 原告以信息披露文件中的盈利预测、发展规划等预测性信息与实际经营情况存在重大差异为由主张发行人实施虚假陈述的, 人民法院不予支持, 但有下列情形之一的除外: (一)信息披露文件未未影响该预测实现的重要因素进行充分风险提示的; (二)预测性信息所依据的基本假设、选用的会计政策等编制基础明显不合理的; (三)预测性信息所依据的前提发生重大变化时, 未及时履行更正义务的。 前款所称的重大差异, 可以参照监管部门和证券交易场所的有关规定认定。	제6조 원고가 정보공시 서류 중 영리를 위한 예측, 발전계획 등 예측 정보가 실제 경영상황과 중대한 차이가 존재하여 발행인이 허위진술을 실시하였다고 주장하는 경우, 인민법원은 지지하지 않는다. 다만, 이하의 정황 중 하나에 해당하는 경우는 제외한다. 1. 정보공시서류가 해당 예측의 실현을 위한 중요한 요소에 대해 충분한 리스크를 제시하지 아니한 경우; 2. 예측 정보가 의거한 기본 가설, 선택한 회계정책 등 작성기초가 현저히 불리한 경우; 3. 예측 정보가 의거한 전제에 중대한 변화가 발생하여, 적시에 시정의무를 이행하지 아니한 경우. 전 항에서 가리키는 중대한 차이는 감독관리부서와 증권거래소의 관련 규정에 따른다.

Ⅲ. 대만

1. 「상장회사에서 지속가능성 보고서를 작성 및 신고함에 있어서의 작업방법上市公司編製與申報永續報告書作業辦法」 제1조~제5조

第1條 本作業辦法依本公司營業細則第十七條第三項之規定訂定之。	**제1조** 본 작업방법은 본 회사 영업세칙 제17조 제3항의 규정에 따라 제정되었다.
第2條 上市公司符合下列情事之一者, 應依本作業辦法之規定編製與申報中文版本之永續報告書, 並宜經董事會決議通過;	**제2조** 다음 상황 중 하나에 해당하는 상장회사는 본 작업방법의 규정에 따라 지속가능성 보고서의 중문본을 작성 및 신고해야 하고 이사회의 결의를 거쳐야 한다:
一、最近一會計年度終了, 依據本公司「上市公司產業類別劃分暨調整要點」規定屬食品工業、化學工業及金融保險業者。 二、依證券交易法第三十六條規定檢送之最近一會計年度財務報告, 餐飲收入占其全部營業收入之比率達百分之五十以上者。 三、前二款以外之上市公司, 但最近會計年度終了日之實收資本額未達新臺幣二十億元者, 得自中華民國一百一十四年適用。	1. 최근 회계연도가 종료되고, 본 회사의「상장회사 산업 유형별 획분 조정 요점」의 규정에 따라 식품공업, 화학공업과 금융보험업에 종사하는 업자; 2. 증권거래법 제36조의 규정에 따라 최근 회계연도의 재무보고서를 제출하였고 요식수입이 전체 영업수입의 100분의 50 이상을 차지하는 업자; 3. 상술한 업자를 제외한 기타 상장회사, 다만 최근 회계연도 종료일의 납입자본금이 신대만폐 20억 위안에 미달하는 업자에 속한다면 중화민국 114년부터 적용해야 한다.
第3條 上市公司應每年參考全球永續性報告協會(Global Reporting Initiative, GRI)發布之通用準則、行業準則及重大主題準則編製前一年度之永續報告書, 揭露公司所鑑別之經濟、環境及人群(包含其人權)重大主題與影響, 揭露項目及其報導要求, 並參考永續會計準則理事會(Sustainability Accounting Standards Board, SASB)準則揭露行業指標資訊及SASB指標對應報告書內容索引。	**제3조** 상장회사는 매년마다 글로벌 보고 이니셔티브(Global Reporting Initiative, GRI)에서 발표한 통용준칙, 산업준칙 및 중대한 주제 준칙에 따라 전 년도의 지속가능성 보고서를 작성할 것이 요구되었고 기업에서 식별한 경제, 환경 및 군중(인권을 포함)과 관련된 중대한 주제 및 영향, 공시항목, 보도요구에 대해 공시해야 한다. 이외에도 지속가능성회계기준위원회(Sustainability Accounting Standards Board, SASB)준칙을 참고하여 산업지표 정보 및 SASB지표가 보고서에 대응되는 색인을 공시할 수 있다.
前項所述之永續報告書內容應涵蓋相關環境、社會及公司治理之風險評估, 並訂定相關績效指標以管理所鑑別之重大主題。	전항에서 서술한 지속가능성 보고서는 환경, 사회 및 회사지배구조의 리스크 평가를 포함해야 하고 관련 성적지표를 제정하여 식별한

	중대한 주제를 관리해야 한다.
上市公司應於永續報告書內揭露報告書內容對應GRI準則之內容索引, 並於報告書內註明各揭露項目是否取得第三方確信或保證。	상장회사는 지속가능성 보고서에 보고서 내용이 GRI준칙에 대응되는 색인을 공시해야 하고 보고서에 각 공시항목이 제3자 확신 혹은 인증을 취득하였는지 여부를 표명해야 한다.
第4條 第二條第一項第一款及第二款之上市公司, 應依產業別加強揭露永續指標(附表一之一至附表一之三)。 前項之上市公司依據附表一之一至附表一之三揭露所屬產業之永續指標, 應取得會計師依財團法人中華民國會計研究發展基金會發布之準則所出具之確信報告。 最近會計年度終了日之實收資本額新臺幣二十億元以上之水泥工業、塑膠工業、鋼鐵工業、油電燃氣業、半導體業、電腦及週邊設備業、光電業、通信網路業、電子零組件業、電子通路業、其他電子業, 應依產業別加強揭露永續指標(附表一之四至附表一之十四)。	**제4조** 제2조 제1항 제1관 및 제2관에서의 상장회사는 산업별로 지속가능성 지표의 공시를 가강해야 한다(부표1의1 내지 부표 1의3). 전항에서의 상장회사는 부표 1의1 내지 1의3에 따라 소속산업의 지속가능성 지표를 공시해야 하고 회계사가 재단법인 중화민국 회계연구발전기금회에서 발표한 준칙에 따라 발행한 확신 보고서를 제출해야 한다. 최근 회계연도 종료일의 납입자본금이 신대만폐 20억 이상의 시멘트 공업, 플라스틱 공업, 강철 공업, 석유가스 산업, 반도체 산업, 컴퓨터 및 주변 설비 산업, 광전산업, 통신 네트워크 산업, 전자부품 산업, 전자통로 산업, 기타 전자 산업은 산업별로 지속가능성 지표의 공시를 가강해야 한다(부표 1의4 내지 부표1의14).
第4-1條 上市公司應以專章揭露氣候相關資訊(附表二)。 前項資訊中溫室氣體範疇一及範疇二盤查適用時程如下： 一、鋼鐵工業、水泥工業及最近會計年度終了日之實收資本額達新臺幣一百億元以上者, 應自中華民國一百一十二年起揭露個體公司數據, 一百一十四年起揭露合併報表母子公司數據。 二、最近會計年度終了日之實收資本額達新臺幣五十億元以上但未達一百億元者, 應自中華民國一百一十四年起揭露個體公司數據, 一百一十五年起揭露合併報表母子公司數據。 三、最近會計年度終了日之實收資本額未達新臺幣五十億元者, 應自中華民國一百一十五年起揭露個體公司數據, 一百一十六年起揭露合	**제4-1조** 상장회사는 전문적인 장을 설치하여 기후 관련 정보를 공시해야 한다(부표2). 전항의 정보 중 온실가스 스코프1 및 스코프2에 대한 적용일정을 다음과 같다： 1. 강철 공업, 시멘트 공업 및 최근 회계연도 종료일의 납입자본금이 신대만폐 100억 위안 이상 달하는 자는 중화민국 112년부터 회사의 데이터를 공시해야 하고 114년부터 합병제표 상 모회사와 자회사의 데이터를 공시해야 한다. 2. 최근 회계연도 종료일의 납입자본금이 신대만폐 50억 위안 이상에 달하지만 100억 위안에 미달하는 자는 중화민국 114년부터 회사의 데이터를 공시해야 하고 115년부터 합병제표 상 모회사와 자회사의 데이터를 공시해야 한다. 3. 최근 회계연도 종료일의 납입자본금이 신대만폐 50억 위안에 미달하는 자는 중화민국 115년부터 회사 데이터를 공시해야 하

併報表母子公司數據。	고 116년부터 합병제표 상 모회사와 자회사의 데이터를 공시해야 한다.
上市公司應依下列時程辦理溫室氣體範疇一及範疇二確信：	상장회사는 다음과 같은 일정에 따라 온실가스 스코프1 및 스코프2의 확신을 진행해야 한다：
一、鋼鐵工業、水泥工業及最近會計年度終了日之實收資本額達新臺幣一百億元以上者，應自中華民國一百一十三年起完成個體公司確信、一百一十六年起完成合併報表母子公司確信。	1. 강철 공업, 시멘트 공업 및 최근 회계연도 종료일의 납입자본금이 신대만폐 100억 위안 이상에 달하는 자는 중화민국 113년부터 확신을 진행해야 하고 116년부터 합병제표 상 모회사와 자회사의 확신을 진행해야 한다.
二、最近會計年度終了日之實收資本額達新臺幣五十億元以上但未達一百億元者，應自中華民國一百一十六年起完成個體公司確信、一百一十七年起完成合併報表母子公司確信。	2. 최근 회계연도 종료일의 납입자본금이 신대만폐 50억 위안 이상에 달하지만 100억 위안에 미달하는 자는 중화민국 116년부터 확신을 진행해야 하고 117년부터 합병제표 상 모회사와 자회사의 확신을 진행해야 한다.
三、最近會計年度終了日之實收資本額未達新臺幣五十億元者，應自中華民國一百一十七年起完成個體公司確信、一百一十八年起完成合併報表母子公司確信。	3. 최근 회계연도 종료일의 납입자본금이 신대만폐 50억 위안에 미달하는 자는 중화민국 117년부터 확신을 진행해야 하고 118년부터 합병제표 상 모회사와 자회사의 확신을 진행해야 한다.
上市公司應依下列時程揭露公司(含合併財務報告子公司)之減碳目標、策略及具體行動計畫：	상장회사는 다음과 같은 일정에 따라 회사(합병 재무보고서 상 자회사를 포함)의 탄소배출 감소 목표, 전략 및 구체적인 행동계획을 밝혀야 한다：
一、最近會計年度終了日之實收資本額達新臺幣一百億元以上之上市公司、鋼鐵工業及水泥工業，應自一百十四年起完成揭露。	1. 최근 회계연도 종료일의 납입자본금이 신대만폐 100억 위안 이상에 달하는 상장회사, 강철 공업 및 시멘트 공업은 114년부터 공시를 해야 한다.
二、最近會計年度終了日之實收資本額達新臺幣五十億元以上且未達一百億元之上市公司，應自一百十五年起完成揭露。	2. 최근 회계연도 종료일의 납입자본금이 신대만폐 50억 위안 이상에 달하지만 100억 위안에 미달하는 상장회사는 115년부터 공시를 해야 한다.
三、最近會計年度終了日之實收資本額未達新臺幣五十億元之上市公司，應自一百十六年起完成揭露。	3. 최근 회계연도 종료일의 납입자본금이 신대만폐 50억 위안에 미달하는 상장회사는 116년부터 공시를 해야 한다.
第5條 辦理第四條第二項永續指標確信之會計師及所屬事務所，及辦理第四條之一第三項溫室氣體之確信人員及所屬機構，均應符合「上市上櫃公司永續報告書確信機構管理要點」相關規定，自中華民國一百一十三年起適用。	**제5조** 제4조 제2항의 지속가능성 지표에 대한 확신을 진행하는 회계사 및 회계법인, 제4-1조 제3항 온실가스에 대한 확신을 진행하는 담당자 및 소속기관은 「상장·상궤회사 지속가능성 보고서 확신기관 관리 요점」의 관련 규정에 부합되어야 하고 중화민국 113년부터 적용한다.

上市公司應於每年八月三十一日前,將永續報告書及該報告書檔案置於公司網站之連結,申報至本公司指定之網際網路資訊申報系統。	상장회사는 매년 8월 31일전, 기업의 사이트에 지속가능성 보고서 및 해당 보고서의 보존기록 링크를 제공해야 하고 본 회사에서 지정한 인터넷정보 신고 시스템에 신고해야 한다.
上市公司應建立永續報告書編製及確信之作業程序,並納入內部控制制度。	상장회사는 지속가능성 보고서의 제정 및 확신 절차를 내부공제제도에 납입해야 한다.

2. 「대만증권거래소 주식회사 영업세칙臺灣證券交易所股份有限公司營業細則」 제1조

第1條	제1조
本營業細則,依證券交易法第一百三十八條及本公司章程第三十六條規定訂定之。	본 영업세칙은 증권거래법 제138조 및 본 회사 규정 제35조에 따라 제정되었다.

3. 「대만증권거래소 주식회사 규정臺灣證券交易所股份有限公司章程」 제36조

第36條	제36조
關於本公司交易所營業事項,另以營業細則定之。	본 회사 거래소의 영업사항은 별도로 영업세칙으로 그 내용을 정한다.

4. 「대만증권거래소 주식회사가 유가증권 상장회사 및 경외 지수형 기금상장의 경외기금 정보 신고 작업방법臺灣證券交易所股份有限公司對有價證券上市公司及境外指數股票型基金上市之境外基金機構資訊申報作業辦法」 제3조 제1항 제32관, 제6조.

第三條	제3조 제1항 제32관
上市公司應向本公司定期申報資訊之事項及時限,依下列各款之規定:	상장회사가 본 회사에 정기적으로 정보를 신고함에 있어서의 사항과 기한은 이하의 규정에 따라야 한다.
三十二、永續報告書及該報告書檔案置於公司網站之連結:依本公司「上市公司編製與申報永續報告書作業辦法」規定之時限申報,前開	32. 지속가능성 보고서 및 해당 보고서 보존기록의 링크를 회사 사이트에 제공해야 한다; 본 회사「상장회사에서 지속가능성

報告書內容或公司網站連結發生變更者,應於事實發生日後二日內輸入更新資料,企業環境、社會及公司治理資訊揭露:應於會計年度終了後六個月內申報。	보고서를 작성 및 신고함에 있어서의 작업방법」에서 규정한 기한에 따라 신고해야 한다. 전게 보고서의 내용 혹은 회사 사이트의 링크가 변경한 경우, 해당 변경 사실이 발생 후 2일내에 업데이트 자료를 기입해야 한다. 기업 환경, 사회 및 기업지배구조 정보의 공시는 회계연도 종료 후 6개월 이내에 신고해야 한다.
第六條 上市公司及第二上市公司違反本辦法或申報之資訊有錯誤者,本公司得函請改善或處以新台幣壹萬元之違約金,但其錯漏如係由主管機關、本公司或投資人發現經查屬實者,得依個案處以新台幣參萬元之違約金。	**제6조** 상장회사 및 제2상장회사에서 본 방법 혹은 신고한 정보에 착오가 있는 경우, 본 회사는 개선요청을 내리거나 신대만폐 1만 위안의 위약금을 부과한다. 다만 그 착오가 주관기관, 본 회사 혹은 투자자가 발견하여 그 사실이 입증되는 경우, 사정에 따라 신대만폐 3만 위안의 위약금을 부과한다.
上市公司及第二上市公司有前項應處以違約金情事者,若最近一年內累計課處次數達二次以上(含本次)、個案情節出於故意或重大缺失、或對股東權益或證券價格具重大影響者,本公司得處以伍萬元至壹佰萬元之違約金,須補正或更正者,並函知上開公司於文到後二營業日內辦理,如再未依限辦理者,每逾一營業日課新台幣壹萬元之違約金,至辦理日為止。	상장회사 및 제2상장회사에서 전항에 따른 위약금 부과 사실이 존재하고 최근 1년 내에 2회 이상 위약금을 부과 받았거나 주주권익 혹은 증권가격에 중대한 영향을 미치는 자는 5만 위안 내지 100만 위안의 위약금에 처한다. 또한 보정 또는 시정을 요청받은 자는 시정함을 받은 후 2영업일내로 처리해야 한다. 기한 내에 처리를 진행하지 않는 자는 1영업일을 초과할 때마다 신대만폐 1만 위안의 위약금에 처한다.
經本公司按日處以違約金,仍未依限辦理且個案情節重大者,本公司得依營業細則第四十九條或第五十條規定,對其上市有價證券變更原有交易方法或停止其買賣。	본 회사가 1영업일을 초과할 때마다 위약금을 부과하였음에도 불구하고 여전히 처리하지 않고 사정이 엄중한 자에 대해서는 영업세칙 제49조 혹은 제50조의 규정에 따라 유가증권의 원래 거래방식을 변경하거나 매매를 정지한다.

5. 증권거래법

(1) 제20조

第20條	제20조
有價證券之募集,發行,私募或買賣, 不得有虛偽,詐欺或其他足致他人誤信之行為。	유가증권의 모집, 발행, 사모 혹은 매매에 있어서 허위, 사기 혹은 타인을 오인하게 하는 행위가 있어서는 아니 된다.
發行人依本法規定申報或公告之財務報告及財務業務文件,其內容不得有虛偽或隱匿之情事。	발행인은 본 법의 규정에 따라 신고 또는 공고한 재무보고서 및 재무업무서류의 내용에 있어서 허위 혹은 은닉한 사정이 있어서는 아니 된다.
違反第一項規定者, 對於該有價證券之善意取得人或出賣人因而所受之損害,應負賠償責任。	제1항의 규정을 위반한 자는 유가증권의 선의취득자 혹은 판매자가 받은 손해에 대해 배상책임을 부담해야 한다.
委託證券經紀商以行紀名義買入或賣出之人,視為前項之取得人或出賣人。	증권중개상을 통해 증권을 구매 또는 판매한 자는 전항의 취득자 혹은 판매조로 간주한다.

(2) 제20-1조

第20-1條	제20-1조
前條第二項之財務報告及財務業務文件或依第三十六條第一項公告申報之財務報告, 其主要內容有虛偽或隱匿之情事,下列各款之人, 對於發行人所發行有價證券之善意取得人,出賣人或持有人因而所受之損害,應負賠償責任: 一、發行人及其負責人。 二、發行人之職員, 曾在財務報告或財務業務文件上簽名或蓋章者。 前項各款之人, 除發行人外, 如能證明已盡相當注意, 且有正當理由可合理確信其內容無虛偽或隱匿之情事者, 免負賠償責任。	전항 제2항의 재무보고서 및 재무업무서류 혹은 제36조 제1항의 공고에 따라 신고한 재무보고서의 내용에 있어서 허위 혹은 은닉한 사정이 있는 경우, 발행인이 발행한 유가증권의 선의취득자, 판매자 혹은 소유인이 입은 손해에 대해 배상책임을 부담해야 한다. 1. 발행인 및 책임인 2. 발행인의 직원, 재무보고서 혹은 재무업무 서류에 서명 또는 낙인 자; 전항 각 항의 인 중 발행자를 제외하고 이미 상당한 주의를 하였다는 증명할 수 있고 정당한 이유로 그 내용에 허위 혹은 은닉한 사정이 없음을 인증할 수 있는 경우, 배상책임을 면한다.

(3) 제138조

第138條	제138조
證券交易所除分別訂定各項準則外, 應於其業務規則或營業細則中, 將有關左列各款事項詳細訂定之:	증권거래소는 각 항 준칙에 대해 별도로 규정하는 외에, 이의 업무규칙 혹은 영업세칙에 이하 사항을 상세히 규정해야 한다. ① 유기증

一、有價證券之上市。 二、有價證券集中交易市場之使用。 三、證券經紀商或證券自營商之買賣受託。 四、市場集會之開閉與停止。 五、買賣種類。 六、證券自營商或證券經紀商間進行買賣有價證券之程序,及買賣契約成立之方法。 七、買賣單位。 八、價格升降單位及幅度。 九、結算及交割日期與方法。 十、買賣有價證券之委託數量、價格、撮合成交情形等交易資訊之即時揭露。 十一、其他有關買賣之事項。	권의 상장; ② 유가증권 집중거래시장의 사용; ③ 증권중개상 또는 증권자영상의 매매수탁; ④ 시장집회의 개폐와 정지; ⑤ 매매종류; ⑥ 증권자영상 또는 증권거래상 간에 진행하는 유가증권 매매절차 및 매매계약 성립방법; ⑦ 매매기관; ⑧ 가격 조절기관 및 폭; ⑨결산 및 결제일자와 방법; ⑩ 유가증권 매매의 위탁수량, 가격, 중지 성립 정황 등 거래 정보의 즉시 노출; ⑪ 그 밖의 매매와 관련된 사항.
前項各款之訂定,不得違反法令之規定;其有關證券商利益事項,並應先徵詢證券商同業公會之意見。	전항 각 관의 규정은 법령의 규정을 위반하여서는 아니 된다. 증권상의 이익과 관련된 사항은 마땅히 증권상동업노동조합의 의견을 청취하여야 한다.

参고
문헌

• 국문문헌

논문

고일훈, 「ESG 정보 공시제도의 국제적 흐름과 일본의 대응」, 『중견기업연구』 제10권 제2호, 한국중견기업학회, 2023.

김지웅, 「ESG 공시에 관한 외국의 제도개선 동향과 시사점」, 『비교사법』 제30권 제3호, 한국비교사법학회, 2023.

김광록, 「미국 기업의 사회적 책임에 따른 ESG 정보공시 - Regulation S-K를 중심으로 -」, 『상사법연구』 제41권 제4호, 한국상사법학회, 2023.

김경일, 「일본의 ESG 정보공시와 그 시사점」, 『선진상사법률연구』 통권 제99호, 법무부, 2022.

김호석 외, 「ESG 관련 국내외 동향 및 환경정책에 미치는 영향」, 『최종보고서』, 한국환경정책평가연구원, 2021.

김명아·고재종·김영주, 「중국·대만·홍콩의 중소기업전용 자본시장에 관한 비교법적 연구」, 『비교법제 연구』, 한국법제연구원, 2013.

김선민, 「유럽연합(EU)의 비재무적 정보 공시 현황 및 시사점」, 『기업지배 구조리뷰』 제70호, 한국기업지배구조원, 2013.

문상일, 「국내 상장기업 ESG 관련 공시제도 현황과 개선방안」, 『경제법연구』 제22권 제2호, 한국경제법학회, 2023.

심원태, 「국내 ESG 공시제도 현황」, 『BFL』 제109호, 서울대학교 금융법센터, 2021.

최유경·김용, 「산업경쟁력 강화를 위한 글로벌 E.S.G. 공시 기준 통합 동향 비판: SASB 기준과 한국표준산업분류 매칭결과와 함의」, 『경제규제와 법』 제17권 제1호, 서울대학교 법학연구소, 2024.

최유경·김혜리, 「E.S.G 제도 구축의 관점에서 본 그린워싱 현황과 법제개선 방안」, 『환경법연구』 제45권 제1호, 한국환경법학회, 2023.

최유경 외, 「전환사회에서의 지속가능성 확보를 위한 E.S.G. 제도 구축 연구」, 『협동연구총서』, 경제·인문사회연구회, 2023.

최유경·조아영, 「유럽연합의 ESG 법제화 현황 및 쟁점: NFRD와 SFDR 도입과 EU 회원국의 국내법적 수용을 중심으로」, 『법학연구』 제30권 제1호, 경상대학교 법학연구소, 2022.

안홍익, 「ESG 또는 지속가능성 정보 공시와 부실공시의 법적통제 방안」, 『법학연구』 제64권 제3호, 부산대학교 법학연구소, 2023.

이상호 외, 「ESG 공시체계 선진화를 위한 제언」, 『국제회계연구』 제109집, 한국국제회계학회, 2023.

이효경, 「지속가능성 관련 기업공시를 둘러싼 규제 동향 - 최근 일본의 기업공시에 관한 개정을 중심으로 -」, 『상사법연구』 제42권 제1호, 한국상사법학회, 2023.

이형기, 「비재무 관련 정보 공시제도의 개선방안에 관한 연구」, 『법학연구』 제29권 제4호, 경상국립대학교 법학연구소, 2021.

정준혁, 「ESG와 회사법의 과제」, 『상사법연구』 제40권 제2호, 한국상사법학회, 2021.

전규안 외, 「글로벌 ESG 인증제도 현황과 시사점」, 『회계저널』 제33권 제1호, 한국회계학회, 2024.

전영승, 「지속가능성보고서의 제3자 검증에 관한 연구」, 『상업교육연구』 제26권 제3호, 한국상업교육학회, 2012.

보도자료 및 기사

금융위원회, "기업들이 지속가능성 공시 표준화에 대비할 수 있도록, SASB 기준 국문번역을 공개합니다", 2021.11.11.자 보도자료.

금융위원회, "기업 부담은 줄이고, 투자자 보호는 강화하는 기업공시제도 종합 개선방안", 2021.01.14.자 보도자료.

서울경제, "'통일된 기준 없고 과도한 비용 소요' 기업, 스코프 3 공시 유예 요구", 2024.09.19.자 보도자료.

한국회계기준원, "주요국 지속가능성 공시제도 및 기준제정 동향", 2024.04.12.자 보도자료.

ESG경제, "금융위원회, ESG 공시 거래소 공시로 도입 검토", 2023.11.27.
https://www.esgeconomy.com/news/articleView.html?idxno=5275 (최종접속

일: 2024.10.10.)
ESG경제, "KSSB 설립해 한국형 ESG 공시기준안 마련", 2022.12.15.
   https://www.esgeconomy.com/news/articleView.html?idxno=2841 (최종접속일: 2024.10.10.)
이투데이, "ESG 공시, 선택 아닌 필수…기후변화 공시 대응 시급", 2023.05.12.
   https://www.etoday.co.kr/news/view/2248562 (최종접속일: 2024.08.29.)

◆ **일문문헌**

단행본

川口恭弘, 『金融商品取引法への誘い』, 有斐閣, 2018.

논문

上田亮子, 「サステナビリティ情報の高度化と信頼性確保」, 『資本市場』第466号, 資本市場研究会, 2024.

加賀谷哲之, 「サステナビリティ開示の拡充とその影響」, 『資本市場』第450号, 資本市場研究会, 2023.

高橋大裕・中野竹司, 「日弁連ESGガイダンスを踏まえSGDs時代の法務対応と非財務情報開示(下)」, 『商事法務』第2183号, 商事法務研究会, 2018.

松元暢子, 「サステナビリティ情報開示をめぐる問題ー金商法開示の視点から」, 『ジュリスト』第1598号, 有斐閣, 2024.

보고서

金融審議会, 「ディスクロージャーワーキング・グループ報告ー中長期的な業価値向上につながる資本市場の構築に向けてー」, 2022.06.13.
   https://www.fsa.go.jp/singi/singi_kinyu/tosin/20220613/01.pdf(최종접속일: 2024.08.28.)

설명자료

経済産業省, 「日本の企業情報開示の特徴と課題」, 2024年 5月 1日.
   https://www.meti.go.jp/shingikai/economy/corporate_information/pdf/001_a_04_00.pdf(최종접속일: 2024.09.20.)
金融庁, 「金融審議会 サステナビリティ情報の開示と保証のあり方に関するワーキング・

グループ" 第4回 事務局説明資料, 2024.10.10.

https://www.fsa.go.jp/singi/singi_kinyu/sustainability_disclose_wg/shiryou/20241010/01.pdf (최종접속일: 2024.10.15)

_____, 「サステナビリティ情報の開示と保証のあり方に関するワーキング・グループ」 第3回 事務局説明資料, 2024.06.28.

https://www.fsa.go.jp/singi/singi_kinyu/sustainability_disclose_wg/shiryou/20240628/01.pdf (최종접속일: 2024.08.28.)

_____, 「第2回 金融審議会サステナビリティ情報の開示と保証のあり方に関するワーキング・グループ」, 2024.05.14.

https://www.fsa.go.jp/singi/singi_kinyu/sustainability_disclose_wg/shiryou/20240514.html (최종접속일: 2024.09.20.)

_____, 「サステナビリティ情報の開示と保証のあり方に関するワーキング・グループ」, 2024.03.26.

https://www.fsa.go.jp/singi/singi_kinyu/sustainability_disclose_wg/shiryou/20240326.html (최종접속일: 2024.08.28.)

_____, 「第1回 金融審議会ディスクロージャーワーキング・グループ」 事務局説明資料, 2021.09.02.

https://www.fsa.go.jp/singi/singi_kinyu/disclose_wg/siryou/20210902/03.pdf (최종접속일: 2024.08.28.)

◆ 중문문헌(간체)

단행본

[英] 艾利斯·费伦, 「公司金融法律原理」, 北京大学出版社, 2012.

논문

北京证监局课题组, 「关于上市公司环境、社会责任及公司治理(ESG)信息披露的研究」, 『财务与会计』第11期, 2021.

陈政, 「上市公司社会责任报告解读与完善建议」, 证券市场导报, 2007.

李燕、肖泽钰, 「强制与自愿二元定位下《证券法》ESG信息披露制度的体系完善」, 「重庆大学学报(社会科学版)』第30卷 第2期, 2024.

王鹏程, 「可持续信息鉴证制度：发展趋势与顶层设计」, 『学术研究』第七期, 2024.

袁瑞璟, 「法经济学视角下ESG信息强制披露的边界与制度创新」, 『南方金融』第572期, 2024.

보도자료

商道咨询,「2024中国上市公司ESG信息披露分析与展望报告-A股(沪深北交易所)」, 2024年 7月.

华福证券, 关于加强上市公司社会责任承担工作暨发布《上海证券交易所上市公司环境信息披露指引的通知》,

　　https://www.hfzq.com.cn/review_cms_1178afcb-a79c-4eca-ac0a-6319c5157499.shtm.

深圳证券交易所, 关于发布《深圳证券交易所上市公司社会责任指引》的通知,

　　http://www.szse.cn/disclosure/notice/general/t20060925_499697.html.

中国证券报, 上市公司可持续发展披露规则正在抓紧制定,

　　https://www.stcn.com/article/detail/971905.html.

中国证券监督管理委员会, 深圳证监局上市公司监管通讯,

　　http://www.csrc.gov.cn/shenzhen/c101531/c7150370/7150370/files/深圳证监局上市公司监管通讯(2023年第1期).pdf.

中华人民共和国生态环境部, 关于构建绿色金融体系的指导意见,

　　https://www.mee.gov.cn/gkml/hbb/gwy/201611/t20161124_368163.htm.

◆ **중문문헌(번체)**

단행본

賴英照,「最新證券交易法解析」, 作者自版, 2020.
楊岳平,「公司治理與公司社會責任：企業併購下股東、債權人、員工、投資人之保護」, 元照, 2011.

논문

江朝聖,「永續報告書之實像與虛像」,『當代法律』第27期, 當代法律雜誌股份有限公司, 2024.
邵慶平,「證券交易法第20條第1項之民事責任主題不及於次要行為人?:以企業財報不實類型案例為中心」,『國立臺灣大學法學論叢』第42卷 第1期, 國立臺灣大學法律學院, 2013.
張心悌,「從美國最高法院次要行為人判決思考我國財報不實民事責任之規範」,『臺灣財經法學論叢』第2卷 第1期, 公益信託臺灣財政金融法學研究基金, 2020.
曾宛如,「論證券交易法第二十條之民事責任-以主觀要件與信賴為核心」,『國立台灣大學

法學論叢』第33卷 第5期, 國立臺灣大學法律學系, 2004.

林郁峰,「我國永續報告書揭露制度之再建構」, 國立政治大學 碩士學位論文, 國立政治大學, 2023.

보도자료 및 기사

國家發展委員會,「公布2050淨零排放路徑:是永續也是經濟產業政策」, 2022年 3月 30日.
https://www.ndc.gov.tw/nc_27_35696 (최종접속일: 2024.09.03.)

金管會,「「公司治理3.0-永續發展藍圖」重要措施及成效」, 2023年 12月 31日.
https://www.fsc.gov.tw/userfiles/file/112年度-公司治理3_0-永續發展藍圖重要措施與成效.pdf(최종접속일: 2024.10.07.)

_____,「金管會發布我國接軌國際財務報導準則(IFRS)永續揭露準則藍圖, 持續提升永續資訊報導品質及透明度」, 2023年 8月 17日.
https://www.sfb.gov.tw/ch/home.jsp?id=95&parentpath=0,2&mcustomize=multimessage_view.jsp&dataserno=202308170002&dtable=News(최종접속일: 2024.09.20.)

_____,「我國接軌IFRS永續揭露準則藍圖」, 2023年 8月 17日, 2頁.
https://www.fsc.gov.tw/uploaddowndoc?file=News/202308171508440.pdf&filedisplay=附件1-我國接軌IFRS永續揭露準則藍圖.pdf&flag=doc(최종접속일: 2024.09.20.)

_____,「金管會發布「上市櫃公司永續發展行動方案(2023年)」」, 2023年 3月 28日.
https://www.fsc.gov.tw/ch/home.jsp?id=96&parentpath=0%2C2&mcustomize=news_view.jsp&dataserno=202303280001&dtable=News(최종접속일: 2024.08.28.)

_____,「上市櫃公司永續發展行動方案(2023年)」, 2023年 3月 8日.
https://www.fsc.gov.tw/uploaddowndoc?file=news/202303290815110.pdf&filedisplay=上市櫃公司永續發展行動方案.pdf&flag=doc(최종접속일: 2024.09.20.)

_____,「上市櫃公司永續發展路徑圖」, 2022年 3月 3日, 4頁.
https://www.sfb.gov.tw/uploaddowndoc?file=news/202203031544210.pdf&filedisplay=新聞稿附件NEW-永續發展路徑圖推動規劃.pdf&flag=doc(최종접속일: 2024.09.03.)

_____,「金管會正式啟動「公司治理3.0-永續發展藍圖」」, 2020年 8月 25日.
https://www.fsc.gov.tw/ch/home.jsp?id=96&parentpath=0,2&mcustomize=news_view.jsp&dataserno=202008250004&dtable=News(최종접속일: 2024.

10.10.)

_____, 「新版公司治理藍圖(2018~2020)」, 2018年 3月 28日.
https://www.fsc.gov.tw/fckdowndoc?file=/新版公司治理藍圖(2018~2020)20180328(2).pdf&flag=doc (최종접속일: 2024.10.07.)]

_____, 「强制上市上櫃特定公司編製企業社會責任報告書」, 2014年 9月 18日.
https://www.fsc.gov.tw/ch/home.jsp?id=96&parentpath=0,2&mcustomize=news_view.jsp&dataserno=201409180005&toolsflag=Y&dtable=News(최종접속일: 2024.09.20.)

_____, 「2013强化我國公司治理藍圖」, 2013年 12月 26日.
https://www.fsc.gov.tw/fckdowndoc?file=/2013强化我國公司治理藍圖(1).pdf&flag=doc (최종접속일: 2024.10.07.)

◆ 영미문헌

Table, Business Round, "Business roundtable redefines the purpose of a corporation to promote 'an economy that serves all americans", *Accessed September*, 2019.

Coram, Paul J., Gary S. Monereo, and David R.Woodliff, "The value of assurance on voluntary nonfinancial disclosure: an experimental evaluation", *Auditing: A Journal of Practice & Theory 28.1*, 2009.

Lund, Dorothy S., and Elizabeth Pollman, "The corporate governance machine", *Columbia Law Review Vol. 121*, 2021.

Fisch, Jill E, "Making sustainability disclosure sustainable", *Geo.LJ 107*, 2018.

Larch, Mario, and Joschka Wanner, "Carbon tariffs: An analysis of the trade, welfare, and emission effects", *Journal of International Economics 109*, 2017.

Lyon, Thomas P., and John W.Maxwell, "Greenwash: Corporate Environmental Disclosure under Threat of Audit", *Journal of economics & management Strategy 20.1*, 2011.

SSBJ, "The SSBJ issues Exposure Drafts of Sustainability Disclosure Standards to be applied in Japan", March 29, 2024.
https://www.ssb-j.jp/en/wp-content/uploads/sites/7/news_release_20240329_e.pdf (최종접속일: 2024.09.20.)

아 시 아
태평양법
연구시리즈 **9**

동아시아 주요 시장의 지속가능성 공시 법제도에 관한 비교연구

초판1쇄 발행 2025년 12월 10일

지은이 윤예정

주간 조승연
편집·디자인 오경희 · 조정화 · 오성현
　　　　　　신나래 · 박선주 · 정성희
관리 박정대

펴낸이 홍종화
펴낸곳 민속원
창업 홍기원
출판등록 제1990-000045호
주소 서울 마포구 토정로25길 41(대흥동 337-25)
전화 02) 804-3320, 805-3320, 806-3320(代)
팩스 02) 802-3346
이메일 minsokwon@naver.com
홈페이지 www.minsokwon.com

ISBN 978-89-285-2186-9 94360
S E T 978-89-285-1113-6

ⓒ 윤예정, 2025
ⓒ 민속원, 2025, Printed in Seoul, Korea

이 책은 저작권법에 따라 보호를 받는 저작물이므로 무단전재와 복제를 금지하며,
이 책의 전부 또는 일부를 이용하려면 반드시 저작권자와 출판사의 서면동의를 받아야 합니다.